KÖSTLICHE

CHINESISCHE REZEPTE

2022

EINFACH ZU MACHEN CHINESISCHE REZEPTE FÜR ANFÄNGER

BRIAN KLOPP

Inhaltsverzeichnis

Für 4

50 g/2 oz/¬Ω Tasse normal (Allzweck)

Mehl

2,5 ml/¬Ω TL Salz

1 Ei, leicht geschlagen

30 ml/2 EL Wasser

450 g geschälte Garnelen

Öl zum Frittieren

30 ml/2 EL Erdnussöl (Erdnussöl)

2 Scheiben Ingwerwurzel, gehackt

30 ml/2 EL Weinessig

5 ml/1 TL Zucker

2,5 ml/¬Ω TL Salz

15 ml/1 EL Sojasauce

200 g Litschi aus der Dose, abgetropft

Mehl, Salz, Ei und Wasser zu einem Teig verrühren, bei Bedarf noch etwas Wasser hinzufügen. Mit den Garnelen mischen, bis sie gut bedeckt sind. Öl erhitzen und die Garnelen einige Minuten knusprig und goldbraun frittieren. Auf Küchenpapier abtropfen lassen und auf einer vorgewärmten Servierplatte anrichten. In der Zwischenzeit das Öl erhitzen und den Ingwer 1

Minute braten. Weinessig, Zucker, Salz und Sojasauce
hinzufügen. Die Litschis hinzufügen und rühren, bis sie warm
und mit Sauce überzogen sind. Über die Garnelen gießen und
sofort servieren.

Für 4

60 ml/4 EL Erdnussöl (Erdnussöl)

1 Knoblauchzehe, zerdrückt

1 Scheibe Ingwerwurzel, gehackt

450 g geschälte Garnelen

30 ml/2 EL Reiswein oder trockener Sherry 30 ml/2 EL

Sojasauce

15 ml/1 EL Speisestärke (Maisstärke)

45 ml/3 EL Wasser

Öl erhitzen und Knoblauch und Ingwer anbraten, bis sie leicht gebräunt sind. Die Garnelen dazugeben und 1 Minute mitbraten. Wein oder Sherry dazugeben und gut verrühren. Sojasauce, Speisestärke und Wasser dazugeben und 2 Minuten unter Rühren braten.

Garnelen mit Zuckerschoten

Für 4

5 getrocknete chinesische Pilze

225 g Bohnensprossen

60 ml/4 EL Erdnussöl (Erdnussöl)

5 ml/1 TL Salz

2 Stangen Sellerie, gehackt

4 Frühlingszwiebeln (Frühlingszwiebeln), gehackt

2 Zehen Knoblauch, zerdrückt

2 Scheiben Ingwerwurzel, gehackt

60 ml/4 EL Wasser

15 ml/1 EL Sojasauce

15 ml/1 EL Reiswein oder trockener Sherry

225 g Zuckerschoten (Schneerbsen)

225 g geschälte Garnelen

15 ml/1 EL Speisestärke (Maisstärke)

Die Champignons 30 Minuten in warmem Wasser einweichen und dann abtropfen lassen. Die Stiele wegwerfen und die Kappen in Scheiben schneiden. Die Sojasprossen in kochendem Wasser 5 Minuten blanchieren und dann gut abtropfen lassen. Die Hälfte des Öls erhitzen und Salz, Sellerie, Frühlingszwiebeln und Sojasprossen 1 Minute anbraten, dann aus der Pfanne nehmen.

Restliches Öl erhitzen und Knoblauch und Ingwer anbraten, bis sie leicht gebräunt sind. Die Hälfte des Wassers, Sojasauce, Wein oder Sherry, Zuckerschoten und Garnelen zugeben, aufkochen und 3 Minuten köcheln lassen. Maizena und restliches Wasser zu einer Paste verrühren, in die Pfanne rühren und unter Rühren köcheln lassen, bis die Sauce eindickt. Das Gemüse wieder in die Pfanne geben, köcheln lassen, bis es durchgeheizt ist. Sofort servieren.

Für 4

8 getrocknete chinesische Pilze

45 ml/3 EL Erdnussöl (Erdnussöl)

3 Scheiben Ingwerwurzel, gehackt

450 g geschälte Garnelen

15 ml/1 EL Sojasauce

5 ml/1 TL Salz

60 ml/4 EL Fischfond

Die Champignons 30 Minuten in warmem Wasser einweichen und dann abtropfen lassen. Die Stiele wegwerfen und die Kappen in Scheiben schneiden. Die Hälfte des Öls erhitzen und den Ingwer anbraten, bis er leicht gebräunt ist. Garnelen, Sojasauce und Salz dazugeben und braten, bis sie mit Öl bedeckt sind, dann aus der Pfanne nehmen. Restliches Öl erhitzen und die Champignons anbraten, bis sie mit Öl bedeckt sind. Brühe zugeben, aufkochen, zudecken und 3 Minuten köcheln lassen. Die Garnelen wieder in die Pfanne geben und umrühren, bis sie durchgewärmt sind.

Für 4

450 g geschälte Garnelen

5 ml/1 TL Sesamöl

5 ml/1 TL Salz

30 ml/2 EL Erdnussöl (Erdnussöl)

1 Knoblauchzehe, zerdrückt

1 Scheibe Ingwerwurzel, gehackt

225 g blanchierte oder gefrorene Erbsen, aufgetaut

4 Frühlingszwiebeln (Frühlingszwiebeln), gehackt

30 ml/2 EL Wasser

Salz und Pfeffer

Garnelen mit Sesamöl und Salz mischen. Öl erhitzen und Knoblauch und Ingwer 1 Minute anbraten. Die Garnelen dazugeben und 2 Minuten braten. Erbsen dazugeben und 1 Minute mitbraten. Frühlingszwiebeln und Wasser dazugeben und mit Salz und Pfeffer und nach Belieben noch etwas Sesamöl würzen. Vor dem Servieren unter vorsichtigem Rühren erhitzen.

Für 4

12 Riesengarnelen

Salz und Pfeffer

Saft von 1 Zitrone

30 ml/2 EL Speisestärke (Maisstärke)

1 Mango

5 ml/1 TL Senfpulver

5 ml/1 TL Honig

30 ml/2 EL Kokoscreme

30 ml/2 EL mildes Currypulver

120 ml/4 fl oz/¬Ω Tasse Hühnerbrühe

45 ml/3 EL Erdnussöl (Erdnussöl)

2 Knoblauchzehen, gehackt

2 Frühlingszwiebeln (Frühlingszwiebeln), gehackt

1 Fenchelknolle, gehackt

100 g Mango-Chutney

Die Garnelen schälen, die Schwänze intakt lassen. Mit Salz, Pfeffer und Zitronensaft beträufeln und mit der Hälfte der Maisstärke bestreichen. Die Mango schälen, das Fruchtfleisch vom Stein abschneiden und das Fruchtfleisch würfeln. Senf, Honig, Kokoscreme, Currypulver, restliche Speisestärke und

Brühe verrühren. Die Hälfte des Öls erhitzen und Knoblauch, Frühlingszwiebeln und Fenchel 2 Minuten anbraten. Brühe zugeben, aufkochen und 1 Minute köcheln lassen. Mangowürfel und Chutney dazugeben und leicht erhitzen, dann auf eine vorgewärmte Servierplatte geben. Restliches Öl erhitzen und die Garnelen 2 Minuten braten. Auf dem Gemüse anrichten und sofort servieren.

Für 4

3 Eier, leicht geschlagen

45 ml/3 EL reines (Allzweck-)Mehl

Salz und frisch gemahlener Pfeffer

450 g geschälte Garnelen

Öl zum Frittieren

15 ml/1 EL Erdnussöl (Erdnussöl)

2 Zwiebeln, gehackt

15 ml/1 EL Speisestärke (Maisstärke)

30 ml/2 EL Sojasauce

175 ml/6 fl oz/¬œ Tasse Wasser

Eier, Mehl, Salz und Pfeffer vermischen. Die Garnelen in den Teig geben. Öl erhitzen und die Garnelen goldbraun frittieren. In der Zwischenzeit das Öl erhitzen und die Zwiebeln 1 Minute anbraten. Restliche Zutaten zu einer Paste pürieren, unter die Zwiebeln rühren und unter Rühren kochen, bis die Sauce eindickt. Die Garnelen abtropfen lassen und auf einer vorgewärmten Servierplatte anrichten. Über die Soße gießen und sofort servieren.

Für 4

60 ml/4 EL Erdnussöl (Erdnussöl)

1 Knoblauchzehe, gehackt

1 Scheibe Ingwerwurzel, gehackt

450 g geschälte Garnelen

30 ml/2 EL Reiswein oder trockener Sherry

225 g gefrorene Erbsen, aufgetaut

30 ml/2 EL Sojasauce

15 ml/1 EL Speisestärke (Maisstärke)

45 ml/3 EL Wasser

Öl erhitzen und Knoblauch und Ingwer anbraten, bis sie leicht gebräunt sind. Die Garnelen dazugeben und 1 Minute mitbraten. Wein oder Sherry dazugeben und gut verrühren. Erbsen dazugeben und 5 Minuten mitbraten. Die restlichen Zutaten dazugeben und 2 Minuten unter Rühren braten.

Für 4

30 ml/2 EL Erdnussöl (Erdnussöl)

2 Zehen Knoblauch, zerdrückt

1 Scheibe Ingwerwurzel, fein gehackt

225 g geschälte Garnelen

4 Frühlingszwiebeln (Frühlingszwiebeln), dick geschnitten

120 ml/4 fl oz/¬Ω Tasse Hühnerbrühe

5 ml/1 TL brauner Zucker

5 ml/1 TL Sojasauce

5 ml/1 TL Hoisinsauce

5 ml/1 TL Tabasco-Sauce

Öl mit Knoblauch und Ingwer erhitzen und braten, bis der Knoblauch leicht gebräunt ist. Die Garnelen dazugeben und 1 Minute mitbraten. Frühlingszwiebeln dazugeben und 1 Minute mitbraten. Die restlichen Zutaten dazugeben, aufkochen, zudecken und 4 Minuten köcheln lassen, dabei gelegentlich umrühren. Überprüfen Sie die Würze und fügen Sie nach Belieben etwas mehr Tabasco-Sauce hinzu.

Für 4

30 ml/2 EL Erdnussöl (Erdnussöl)

1 grüne Paprika, in Stücke geschnitten

450 g geschälte Garnelen

10 ml/2 TL Speisestärke (Maisstärke)

60 ml/4 EL Wasser

5 ml/1 TL Reiswein oder trockener Sherry

2,5 ml/¬Ω TL Salz

45 ml/2 EL Tomatenpüree (Paste)

Erhitzen Sie das Öl und braten Sie die Paprika 2 Minuten lang an. Garnelen und Tomatenpüree dazugeben und gut verrühren. Speisestärkewasser, Wein oder Sherry und Salz zu einer Paste verrühren, in die Pfanne rühren und unter Rühren köcheln lassen, bis die Sauce klar und dickflüssig wird.

Für 4

225 g geschälte Garnelen

100 g mageres Schweinefleisch, zerkleinert

60 ml/4 EL Reiswein oder trockener Sherry

1 Eiweiß

45 ml/3 EL Speisestärke (Maisstärke)

5 ml/1 TL Salz

15 ml/1 EL Wasser (optional)

90 ml/6 EL Erdnussöl (Erdnussöl)

45 ml/3 EL Fischfond

5 ml/1 TL Sesamöl

Die Garnelen und das Schweinefleisch in separate Schüsseln geben. 45 ml / 3 EL Wein oder Sherry, das Eiweiß, 30 ml / 2 EL Speisestärke und das Salz zu einem lockeren Teig verrühren, ggf. Wasser hinzufügen. Verteilen Sie die Mischung zwischen Schweinefleisch und Garnelen und rühren Sie gut um, um sie gleichmäßig zu beschichten. Das Öl erhitzen und das Schweinefleisch und die Garnelen einige Minuten goldbraun braten. Aus der Pfanne nehmen und alles bis auf 15 ml/1 EL Öl abgießen. Die Brühe mit dem restlichen Wein oder Sherry und Maisstärke in die Pfanne geben. Aufkochen und unter Rühren köcheln lassen, bis die Sauce eindickt. Über die Garnelen und das Schweinefleisch gießen und mit Sesamöl bestreut servieren.

Für 4

50 g/2 oz/¬Ω Tasse reines (Allzweck-)Mehl

2,5 ml/¬Ω TL Salz

1 Ei, leicht geschlagen

30 ml/2 EL Wasser

450 g geschälte Garnelen

Öl zum Frittieren

15 ml/1 EL Erdnussöl (Erdnussöl)

1 Zwiebel, fein gehackt

45 ml/3 EL Reiswein oder trockener Sherry

15 ml/1 EL Sojasauce

120 ml/4 fl oz/¬Ω Tasse Fischfond

10 ml/2 TL Speisestärke (Maisstärke)

30 ml/2 EL Wasser

Mehl, Salz, Ei und Wasser zu einem Teig verrühren, bei Bedarf noch etwas Wasser hinzufügen. Mit den Garnelen mischen, bis sie gut bedeckt sind. Öl erhitzen und die Garnelen einige Minuten knusprig und goldbraun frittieren. Auf Küchenpapier abtropfen lassen und auf einer vorgewärmten Servierschale anrichten. In der Zwischenzeit das Öl erhitzen und die Zwiebel anbraten, bis sie weich ist. Wein oder Sherry, Sojasauce und

Brühe dazugeben, aufkochen und 4 Minuten köcheln lassen.
Speisestärke und Wasser zu einer Paste verrühren, in die Pfanne
rühren und unter Rühren köcheln lassen, bis die Sauce klar wird
und eindickt. Die Sauce über die Garnelen gießen und servieren.

Frittierte Sesamgarnelen

Für 4

450 g geschälte Garnelen

¬Ω Eiweiß

5 ml/1 TL Sojasauce

5 ml/1 TL Sesamöl

50 g/2 oz/¬Ω Tasse Speisestärke (Maisstärke)

Salz und frisch gemahlener weißer Pfeffer

Öl zum Frittieren

60 ml/4 EL Sesamkörner

Salatblätter

Die Garnelen mit Eiweiß, Sojasauce, Sesamöl, Speisestärke, Salz und Pfeffer mischen. Fügen Sie etwas Wasser hinzu, wenn die Mischung zu dick ist. Öl erhitzen und die Garnelen einige Minuten goldbraun frittieren. In der Zwischenzeit die Sesamkörner in einer trockenen Pfanne kurz goldbraun rösten. Die Garnelen abtropfen lassen und mit dem Sesam mischen. Auf einem Salatbett servieren.

Für 4

60 ml/4 EL Erdnussöl (Erdnussöl)

750 g ungeschälte Garnelen

3 Frühlingszwiebeln (Frühlingszwiebeln), gehackt

3 Scheiben Ingwerwurzel, gehackt

2,5 ml/¬Ω TL Salz

15 ml/1 EL Reiswein oder trockener Sherry

120 ml Tomatenketchup (Catsup)

15 ml/1 EL Sojasauce

15 ml/1 EL Zucker

15 ml/1 EL Speisestärke (Maisstärke)

60 ml/4 EL Wasser

Erhitzen Sie das Öl und braten Sie die Garnelen 1 Minute lang, wenn sie gekocht sind, oder bis sie rosa werden, wenn sie roh sind. Frühlingszwiebeln, Ingwer, Salz und Wein oder Sherry dazugeben und 1 Minute mitbraten. Tomatenketchup, Sojasauce und Zucker dazugeben und 1 Minute mitbraten. Maizena und Wasser vermischen, in die Pfanne rühren und unter Rühren köcheln lassen, bis die Sauce klar wird und eindickt.

Für 4

75 g/3 oz/gehäufte Tasse Maisstärke (Maisstärke)
1 Eiweiß
5 ml/1 TL Reiswein oder trockener Sherry
Salz-
350 g geschälte Garnelen
Öl zum Frittieren

Maisstärke, Eiweiß, Wein oder Sherry und eine Prise Salz zu einem dicken Teig verrühren. Tauchen Sie die Garnelen in den Teig, bis sie gut bedeckt sind. Das Öl mäßig heiß erhitzen und die Garnelen einige Minuten goldbraun braten. Aus dem Öl nehmen, erneut erhitzen, bis sie heiß sind, dann die Garnelen erneut knusprig und braun braten.

Für 4

450 g geschälte Garnelen

30 ml/2 EL reines (Allzweck-)Mehl

30 ml/2 EL Speisestärke (Maisstärke)

30 ml/2 EL Wasser

2 Eier, geschlagen

Öl zum Frittieren

Die Garnelen auf der inneren Kurve halb durchschneiden und zu einem Schmetterling aufbreiten. Mehl, Speisestärke und Wasser zu einem Teig verrühren, dann die Eier unterrühren. Öl erhitzen und die Garnelen goldbraun frittieren.

Für 4

30 ml/2 EL Erdnussöl (Erdnussöl)

2 Frühlingszwiebeln (Frühlingszwiebeln), gehackt

1 Knoblauchzehe, zerdrückt

1 Scheibe Ingwerwurzel, gehackt

100 g Hähnchenbrust, in Streifen geschnitten

100 g Schinken, in Streifen geschnitten

100 g Bambussprossen, in Streifen geschnitten

100 g Wasserkastanien, in Streifen geschnitten

225 g geschälte Garnelen

30 ml/2 EL Sojasauce

30 ml/2 EL Reiswein oder trockener Sherry

5 ml/1 TL Salz

5 ml/1 TL Zucker

5 ml/1 TL Speisestärke (Maisstärke)

Öl erhitzen und Frühlingszwiebeln, Knoblauch und Ingwer anbraten, bis sie leicht gebräunt sind. Fügen Sie das Huhn hinzu und braten Sie es 1 Minute lang. Schinken, Bambussprossen und Wasserkastanien dazugeben und 3 Minuten mitbraten. Die Garnelen dazugeben und 1 Minute mitbraten. Sojasauce, Wein oder Sherry, Salz und Zucker dazugeben und 2 Minuten unter

Rühren braten. Die Speisestärke mit etwas Wasser mischen, in

die Pfanne rühren und unter Rühren 2 Minuten köcheln lassen.

Für 4

45 ml/3 EL Erdnussöl (Erdnussöl)

225 g Tofu, gewürfelt

1 Frühlingszwiebel (Schalzwiebel), gehackt

1 Knoblauchzehe, zerdrückt

15 ml/1 EL Sojasauce

5 ml/1 TL Zucker

90 ml/6 EL Fischfond

225 g geschälte Garnelen

15 ml/1 EL Speisestärke (Maisstärke)

45 ml/3 EL Wasser

Die Hälfte des Öls erhitzen und den Tofu anbraten, bis er leicht gebräunt ist, dann aus der Pfanne nehmen. Restliches Öl erhitzen und Frühlingszwiebeln und Knoblauch darin leicht bräunen. Sojasauce, Zucker und Brühe zugeben und aufkochen. Die Garnelen dazugeben und 3 Minuten bei schwacher Hitze rühren. Maizena und Wasser zu einer Paste verrühren, in die Pfanne rühren und unter Rühren köcheln lassen, bis die Sauce eindickt. Den Tofu zurück in die Pfanne geben und leicht köcheln lassen, bis er durchgeheizt ist.

Für 4

2 Eiweiß

30 ml/2 EL Speisestärke (Maisstärke)

5 ml/1 TL Salz

450 g geschälte Garnelen

Öl zum Frittieren

30 ml/2 EL Reiswein oder trockener Sherry

225 g Tomaten, enthäutet, entkernt und gehackt

Eiweiß, Maisstärke und Salz vermischen. Die Garnelen einrühren, bis sie gut bedeckt sind. Öl erhitzen und die Garnelen frittieren, bis sie gar sind. Gießen Sie das Öl bis auf 15 ml/1 EL ab und erhitzen Sie es erneut. Wein oder Sherry und Tomaten dazugeben und aufkochen. Garnelen einrühren und vor dem Servieren kurz erhitzen.

Für 4

30 ml/2 EL Erdnussöl (Erdnussöl)

1 Knoblauchzehe, zerdrückt

2 Scheiben Ingwerwurzel, gehackt

2,5 ml/¬Ω TL Salz

15 ml/1 EL Reiswein oder trockener Sherry

15 ml/1 EL Sojasauce

6 ml/4 EL Tomatenketchup (Katsup)

120 ml/4 fl oz/¬Ω Tasse Fischfond

350 g geschälte Garnelen

10 ml/2 TL Speisestärke (Maisstärke)

30 ml/2 EL Wasser

Öl erhitzen und Knoblauch, Ingwer und Salz 2 Minuten anbraten. Wein oder Sherry, Sojasauce, Tomatenketchup und Brühe dazugeben und aufkochen. Garnelen dazugeben, abdecken und 2 Minuten köcheln lassen. Speisestärke und Wasser zu einer Paste verrühren, in die Pfanne rühren und unter Rühren köcheln lassen, bis die Sauce klar und dickflüssig wird.

Für 4

60 ml/4 EL Erdnussöl (Erdnussöl)

15 ml/1 EL gehackter Ingwer

15 ml/1 EL gehackter Knoblauch

15 ml/1 EL gehackte Frühlingszwiebel

60 ml/4 EL Tomatenpüree (Paste)

15 ml/1 EL Chilisauce

450 g geschälte Garnelen

15 ml/1 EL Speisestärke (Maisstärke)

15 ml/1 EL Wasser

Öl erhitzen und Ingwer, Knoblauch und Frühlingszwiebel 1 Minute braten. Tomatenpüree und Chilisauce dazugeben und gut vermischen. Die Garnelen dazugeben und 2 Minuten braten. Maizena und Wasser zu einer Paste verrühren, in die Pfanne rühren und köcheln lassen, bis die Sauce eindickt. Sofort servieren.

Für 4

50 g/2 oz/¬Ω Tasse reines (Allzweck-)Mehl

2,5 ml/¬Ω TL Salz

1 Ei, leicht geschlagen

30 ml/2 EL Wasser

450 g geschälte Garnelen

Öl zum Frittieren

30 ml/2 EL Erdnussöl (Erdnussöl)

1 Zwiebel, fein gehackt

2 Scheiben Ingwerwurzel, gehackt

75 ml/5 EL Tomatenketchup (Katsup)

10 ml/2 TL Speisestärke (Maisstärke)

30 ml/2 EL Wasser

Mehl, Salz, Ei und Wasser zu einem Teig verrühren, bei Bedarf noch etwas Wasser hinzufügen. Mit den Garnelen mischen, bis sie gut bedeckt sind. Öl erhitzen und die Garnelen einige Minuten knusprig und goldbraun frittieren. Auf Küchenpapier abtropfen lassen.

In der Zwischenzeit das Öl erhitzen und die Zwiebel und den Ingwer anbraten, bis sie weich sind. Tomatenketchup dazugeben und 3 Minuten köcheln lassen. Speisestärke und Wasser zu einer

Paste verrühren, in die Pfanne rühren und unter Rühren köcheln lassen, bis die Sauce eindickt. Die Garnelen in die Pfanne geben und köcheln lassen, bis sie heiß sind. Sofort servieren.

Für 4

15 ml/1 EL Erdnussöl (Erdnussöl)

225 g Brokkoliröschen

225 g Champignons

225 g Bambussprossen, in Scheiben geschnitten

450 g geschälte Garnelen

120 ml/4 fl oz/¬Ω Tasse Hühnerbrühe

5 ml/1 TL Speisestärke (Maisstärke)

5 ml/1 TL Austernsauce

2,5 ml/¬Ω TL Zucker

2,5 ml/¬Ω TL geriebene Ingwerwurzel

Prise frisch gemahlener Pfeffer

Erhitzen Sie das Öl und braten Sie den Brokkoli 1 Minute lang an. Champignons und Bambussprossen dazugeben und 2 Minuten mitbraten. Die Garnelen dazugeben und 2 Minuten braten. Restliche Zutaten vermischen und unter die Garnelenmasse rühren. Unter Rühren zum Kochen bringen, dann 1 Minute unter ständigem Rühren köcheln lassen.

Für 4

60 ml/4 EL Erdnussöl (Erdnussöl)

1 Knoblauchzehe, gehackt

1 Scheibe Ingwerwurzel, gehackt

450 g geschälte Garnelen

30 ml/2 EL Reiswein oder trockener Sherry 225 g

Wasserkastanien, in Scheiben geschnitten

30 ml/2 EL Sojasauce

15 ml/1 EL Speisestärke (Maisstärke)

45 ml/3 EL Wasser

Öl erhitzen und Knoblauch und Ingwer anbraten, bis sie leicht gebräunt sind. Die Garnelen dazugeben und 1 Minute mitbraten. Wein oder Sherry dazugeben und gut verrühren. Die Wasserkastanien zugeben und 5 Minuten mitbraten. Die restlichen Zutaten dazugeben und 2 Minuten unter Rühren braten.

Für 4

450 g geschälte Garnelen, gehackt

225 g gemischtes Gemüse, gehackt

15 ml/1 EL Sojasauce

2,5 ml/¬Ω TL Salz

ein paar Tropfen Sesamöl

40 Wan-Tan-Skins

Öl zum Frittieren

Garnelen, Gemüse, Sojasauce, Salz und Sesamöl mischen.

Um die Wan-Tan zu falten, halten Sie die Haut in der linken Handfläche und löffeln Sie etwas Füllung in die Mitte. Befeuchten Sie die Ränder mit Ei und falten Sie die Haut zu einem Dreieck, wobei Sie die Ränder versiegeln. Befeuchten Sie die Ecken mit Ei und drehen Sie sie zusammen.

Öl erhitzen und die Wontons nach und nach goldbraun braten. Vor dem Servieren gut abtropfen lassen.

Für 4

400 g Abalone in Dosen

30 ml/2 EL Erdnussöl (Erdnussöl)

100 g Hähnchenbrust, gewürfelt

100 g Bambussprossen, in Scheiben geschnitten

250 ml/8 fl oz/1 Tasse Fischfond

15 ml/1 EL Reiswein oder trockener Sherry

5 ml/1 TL Zucker

2,5 ml/¬Ω TL Salz

15 ml/1 EL Speisestärke (Maisstärke)

45 ml/3 EL Wasser

Abalone abtropfen und in Scheiben schneiden, den Saft auffangen. Das Öl erhitzen und das Hähnchen braten, bis es eine leichte Farbe hat. Abalone und Bambussprossen dazugeben und 1 Minute unter Rühren braten. Abalone-Flüssigkeit, Brühe, Wein oder Sherry, Zucker und Salz dazugeben, aufkochen und 2 Minuten köcheln lassen. Maizena und Wasser zu einer Paste verrühren und unter Rühren köcheln lassen, bis die Sauce klar wird und eindickt. Sofort servieren.

Für 4

10 getrocknete chinesische Pilze

30 ml/2 EL Erdnussöl (Erdnussöl)

15 ml/1 EL Wasser

225 g Spargel

2,5 ml/¬Ω TL Fischsauce

15 ml/1 EL Speisestärke (Maisstärke)

225 g Abalone aus der Dose, in Scheiben geschnitten

60 ml/4 EL Brühe

¬Ω kleine Karotte, in Scheiben geschnitten

5 ml/1 TL Sojasauce

5 ml/1 TL Austernsauce

5 ml/1 TL Reiswein oder trockener Sherry

Die Champignons 30 Minuten in warmem Wasser einweichen und dann abtropfen lassen. Entsorgen Sie die Stiele. 15 ml/1 EL Öl mit dem Wasser erhitzen und die Pilzkappen 10 Minuten braten. In der Zwischenzeit den Spargel in kochendem Wasser mit der Fischsauce und 5 ml/1 TL Speisestärke weich kochen. Gut abtropfen lassen und auf einer vorgewärmten Servierplatte mit den Champignons anrichten. Halten Sie sie warm. Das restliche Öl erhitzen und die Abalone einige Sekunden anbraten, dann Brühe, Karotte, Sojasauce, Austernsauce, Wein oder Sherry und restliche Maisstärke hinzufügen. 5 Minuten garen, bis der Spargel gut durch ist, dann den Spargel darüber geben und servieren.

Für 4

6 getrocknete chinesische Pilze

400 g Abalone in Dosen

45 ml/3 EL Erdnussöl (Erdnussöl)

2,5 ml/¬Ω TL Salz

15 ml/1 EL Reiswein oder trockener Sherry

3 Frühlingszwiebeln (Frühlingszwiebeln), dick geschnitten

Die Champignons 30 Minuten in warmem Wasser einweichen und dann abtropfen lassen. Die Stiele wegwerfen und die Kappen in Scheiben schneiden. Abalone abtropfen und in Scheiben schneiden, den Saft auffangen. Öl erhitzen und Salz und Champignons 2 Minuten anbraten. Abalone-Flüssigkeit und Sherry dazugeben, aufkochen, zudecken und 3 Minuten köcheln lassen. Abalone und Frühlingszwiebeln hinzufügen und köcheln lassen, bis sie durchgewärmt sind. Sofort servieren.

Für 4

400 g Abalone in Dosen

15 ml/1 EL Speisestärke (Maisstärke)

15 ml/1 EL Sojasauce

45 ml/3 EL Austernsauce

30 ml/2 EL Erdnussöl (Erdnussöl)

50 g geräucherter Schinken, gehackt

Die Dose Abalone abtropfen lassen und 90 ml/6 EL der Flüssigkeit auffangen. Diese mit Maisstärke, Sojasauce und Austernsauce mischen. Erhitzen Sie das Öl und braten Sie die abgetropfte Abalone 1 Minute lang an. Die Saucenmischung einrühren und unter Rühren etwa 1 Minute köcheln lassen, bis sie durchgewärmt ist. Auf eine vorgewärmte Servierplatte geben und mit Schinken garniert servieren.

Für 4

24 Muscheln

Die Muscheln gründlich schrubben und einige Stunden in Salzwasser einweichen. Unter fließendem Wasser abspülen und auf einer flachen ofenfesten Platte anrichten. Auf einen Rost in einen Dampfgarer geben, zugedeckt etwa 10 Minuten in leicht siedendem Wasser dämpfen, bis sich alle Muscheln geöffnet haben. Verwerfen Sie alle, die geschlossen bleiben. Mit Dips servieren.

Für 4

24 Muscheln

15 ml/1 EL Erdnussöl (Erdnussöl)

150 g Bohnensprossen

1 grüne Paprika, in Streifen geschnitten

2 Frühlingszwiebeln (Frühlingszwiebeln), gehackt

15 ml/1 EL Reiswein oder trockener Sherry

Salz und frisch gemahlener Pfeffer

2,5 ml/¬Ω TL Sesamöl

50 g geräucherter Schinken, gehackt

Die Muscheln gründlich schrubben und einige Stunden in Salzwasser einweichen. Unter fließendem Wasser abspülen. Einen Topf mit Wasser zum Kochen bringen, die Muscheln dazugeben und einige Minuten köcheln lassen, bis sie sich öffnen. Lassen Sie alles, was verschlossen bleibt, ab und entsorgen Sie es. Die Muscheln aus den Schalen nehmen.

Öl erhitzen und die Sojasprossen 1 Minute braten. Paprika und Frühlingszwiebeln zugeben und 2 Minuten mitbraten. Wein oder Sherry dazugeben und mit Salz und Pfeffer würzen. Erhitzen, dann die Muscheln einrühren und rühren, bis sie gut vermischt und durchgewärmt sind. Auf eine vorgewärmte Servierplatte geben und mit Sesamöl und Schinken bestreut servieren.

Muscheln mit Ingwer und Knoblauch

Für 4

24 Muscheln

15 ml/1 EL Erdnussöl (Erdnussöl)

2 Scheiben Ingwerwurzel, gehackt

2 Zehen Knoblauch, zerdrückt

15 ml/1 EL Wasser

5 ml/1 TL Sesamöl

Salz und frisch gemahlener Pfeffer

Die Muscheln gründlich schrubben und einige Stunden in Salzwasser einweichen. Unter fließendem Wasser abspülen. Öl erhitzen und Ingwer und Knoblauch 30 Sekunden anbraten. Muscheln, Wasser und Sesamöl zugeben, zudecken und ca. 5 Minuten kochen, bis sich die Muscheln öffnen. Verwerfen Sie alle, die geschlossen bleiben. Leicht mit Salz und Pfeffer würzen und sofort servieren.

Für 4

24 Muscheln

60 ml/4 EL Erdnussöl (Erdnussöl)

4 Knoblauchzehen, gehackt

1 Zwiebel, gehackt

2,5 ml/¬Ω TL Salz

Die Muscheln gründlich schrubben und einige Stunden in Salzwasser einweichen. Unter fließendem Wasser abspülen und dann trocken tupfen. Öl erhitzen und Knoblauch, Zwiebel und Salz anbraten, bis sie weich sind. Die Muscheln dazugeben, zudecken und bei schwacher Hitze ca. 5 Minuten braten, bis sich alle Schalen geöffnet haben. Verwerfen Sie alle, die geschlossen bleiben. 1 weitere Minute leicht braten und mit Öl bestreichen.

Für 4

225 g Bohnensprossen

60 ml/4 EL Erdnussöl (Erdnussöl) 100 g Bambussprossen, in Streifen geschnitten

1 Zwiebel, gehackt

225 g Krabbenfleisch, in Flocken

4 Eier, leicht geschlagen

15 ml/1 EL Speisestärke (Maisstärke)

30 ml/2 EL Sojasauce

Salz und frisch gemahlener Pfeffer

Die Sojasprossen in kochendem Wasser 4 Minuten blanchieren und dann abtropfen lassen. Die Hälfte des Öls erhitzen und die Sojasprossen, Bambussprossen und Zwiebeln anbraten, bis sie weich sind. Vom Herd nehmen und die restlichen Zutaten, außer dem Öl, untermischen. Das restliche Öl in einer sauberen Pfanne erhitzen und löffelweise der Krabbenfleischmischung braten, um kleine Kuchen zu backen. Auf beiden Seiten braten, bis sie leicht gebräunt sind, dann auf einmal servieren.

Für 4

225 g Krabbenfleisch

5 Eier, geschlagen

1 Frühlingszwiebel (Schalzwiebel) fein gehackt

250 ml/8 fl oz/1 Tasse Wasser

5 ml/1 TL Salz

5 ml/1 TL Sesamöl

Alle Zutaten gut miteinander vermischen. In eine Schüssel geben, abdecken und oben in den Wasserbad über heißem Wasser oder auf einem Dampfgarrost stellen. 35 Minuten dämpfen, bis die Konsistenz von Vanillepudding erreicht ist, dabei gelegentlich umrühren. Mit Reis servieren.

Für 4

450 g chinesische Blätter, zerkleinert

45 ml/3 EL Pflanzenöl

2 Frühlingszwiebeln (Frühlingszwiebeln), gehackt

225 g Krabbenfleisch

15 ml/1 EL Sojasauce

15 ml/1 EL Reiswein oder trockener Sherry

5 ml/1 TL Salz

Die chinesischen Blätter 2 Minuten in kochendem Wasser blanchieren, dann gründlich abtropfen lassen und in kaltem Wasser abspülen. Öl erhitzen und die Frühlingszwiebeln anbraten, bis sie leicht gebräunt sind. Das Krabbenfleisch dazugeben und 2 Minuten braten. Die chinesischen Blätter hinzufügen und 4 Minuten braten. Sojasauce, Wein oder Sherry und Salz dazugeben und gut vermischen. Brühe und Speisestärke zugeben, aufkochen und unter Rühren 2 Minuten köcheln lassen, bis die Sauce klar wird und eindickt.

Für 4

6 Eier, geschlagen

45 ml/3 EL Speisestärke (Maisstärke)

225 g Krabbenfleisch

100 g Bohnensprossen

2 Frühlingszwiebeln (Frühlingszwiebeln), fein gehackt

2,5 ml/¬Ω TL Salz

45 ml/3 EL Erdnussöl (Erdnussöl)

Schlagen Sie die Eier und schlagen Sie dann die Maisstärke ein. Die restlichen Zutaten außer dem Öl untermischen. Erhitzen Sie das Öl und gießen Sie die Mischung nach und nach in die Pfanne, um kleine Pfannkuchen mit einem Durchmesser von etwa 7,5 cm zu erhalten. Braten, bis sie auf der Unterseite gebräunt sind, dann wenden und die andere Seite anbraten.

Für 4

15 ml/1 EL Erdnussöl (Erdnussöl)

2 Scheiben Ingwerwurzel, gehackt

4 Frühlingszwiebeln (Frühlingszwiebeln), gehackt

3 Zehen Knoblauch, zerdrückt

1 rote Chilischote, gehackt

350 g Krabbenfleisch, in Flocken

2,5 ml/¬Ω TL Fischpaste

2,5 ml/¬Ω TL Sesamöl

15 ml/1 EL Reiswein oder trockener Sherry

5 ml/1 TL Speisestärke (Maisstärke)

15 ml/1 EL Wasser

Öl erhitzen und Ingwer, Frühlingszwiebeln, Knoblauch und Chili 2 Minuten anbraten. Das Krabbenfleisch hinzufügen und rühren, bis es gut mit den Gewürzen bedeckt ist. Fischpaste einrühren. Die restlichen Zutaten zu einer Paste verrühren, dann in die Pfanne geben und 1 Minute unter Rühren braten. Sofort servieren.

Krabbe Lo Mein

Für 4

100 g Bohnensprossen

30 ml/2 EL Erdnussöl (Erdnussöl)

5 ml/1 TL Salz

1 Zwiebel, in Scheiben geschnitten

100 g Champignons, in Scheiben geschnitten

225 g Krabbenfleisch, in Flocken

100 g Bambussprossen, in Scheiben geschnitten

Geworfene Nudeln

30 ml/2 EL Sojasauce

5 ml/1 TL Zucker

5 ml/1 TL Sesamöl

Salz und frisch gemahlener Pfeffer

Die Sojasprossen in kochendem Wasser 5 Minuten blanchieren und dann abtropfen lassen. Erhitzen Sie das Öl und braten Sie das Salz und die Zwiebel, bis sie weich sind. Fügen Sie die Pilze hinzu und braten Sie sie an, bis sie weich sind. Das Krabbenfleisch dazugeben und 2 Minuten braten. Sojasprossen und Bambussprossen dazugeben und 1 Minute mitbraten. Die abgetropften Nudeln in die Pfanne geben und vorsichtig umrühren. Sojasauce, Zucker und Sesamöl mischen und mit Salz und Pfeffer würzen. In die Pfanne rühren, bis sie durchgeheizt ist.

Gebratene Krabben mit Schweinefleisch

Für 4

30 ml/2 EL Erdnussöl (Erdnussöl)

100 g gehacktes (gemahlenes) Schweinefleisch

350 g Krabbenfleisch, in Flocken

2 Scheiben Ingwerwurzel, gehackt

2 Eier, leicht geschlagen

15 ml/1 EL Sojasauce

15 ml/1 EL Reiswein oder trockener Sherry

30 ml/2 EL Wasser

Salz und frisch gemahlener Pfeffer

4 Frühlingszwiebeln (Frühlingszwiebeln), in Streifen geschnitten

Erhitzen Sie das Öl und braten Sie das Schweinefleisch an, bis es eine leichte Farbe hat. Das Krabbenfleisch und den Ingwer dazugeben und 1 Minute unter Rühren braten. Eier einrühren. Sojasauce, Wein oder Sherry, Wasser, Salz und Pfeffer dazugeben und unter Rühren ca. 4 Minuten köcheln lassen. Mit Frühlingszwiebeln garniert servieren.

Für 4

30 ml/2 EL Erdnussöl (Erdnussöl)

450 g Krabbenfleisch, in Flocken

2 Frühlingszwiebeln (Frühlingszwiebeln), gehackt

2 Scheiben Ingwerwurzel, gehackt

30 ml/2 EL Sojasauce

30 ml/2 EL Reiswein oder trockener Sherry

2,5 ml/¬Ω TL Salz

15 ml/1 EL Speisestärke (Maisstärke)

60 ml/4 EL Wasser

Das Öl erhitzen und das Krabbenfleisch, die Frühlingszwiebeln und den Ingwer 1 Minute unter Rühren anbraten. Sojasauce, Wein oder Sherry und Salz dazugeben, zugedeckt 3 Minuten köcheln lassen. Speisestärke und Wasser zu einer Paste verrühren, in die Pfanne rühren und unter Rühren köcheln lassen, bis die Sauce klar wird und eindickt.

Für 4

450 g Tintenfisch

50 g Schmalz, püriert

1 Eiweiß

2,5 ml/¬Ω TL Zucker

2,5 ml/¬Ω TL Speisestärke (Maisstärke)

Salz und frisch gemahlener Pfeffer

Öl zum Frittieren

Den Tintenfisch putzen und zu Brei zerdrücken oder pürieren. Mit Schmalz, Eiweiß, Zucker und Speisestärke mischen und mit Salz und Pfeffer würzen. Drücken Sie die Mischung zu kleinen Kugeln. Erhitzen Sie das Öl und braten Sie die Tintenfischbällchen, falls nötig in Portionen, bis sie oben im Öl schwimmen und goldbraun werden. Gut abtropfen lassen und sofort servieren.

Hummer Kantonesisch

Für 4

2 Hummer

30 ml/2 EL Öl

15 ml/1 EL schwarze Bohnensauce

1 Knoblauchzehe, zerdrückt

1 Zwiebel, gehackt

225 g gehacktes (gemahlenes) Schweinefleisch

45 ml/3 EL Sojasauce

5 ml/1 TL Zucker

Salz und frisch gemahlener Pfeffer

15 ml/1 EL Speisestärke (Maisstärke)

75 ml/5 EL Wasser

1 Ei, geschlagen

Die Hummer aufbrechen, das Fleisch herausnehmen und in 2,5 cm große Würfel schneiden. Das Öl erhitzen und die schwarze Bohnensauce, den Knoblauch und die Zwiebel anbraten, bis sie leicht gebräunt sind. Das Schweinefleisch hinzufügen und braten, bis es gebräunt ist. Sojasauce, Zucker, Salz, Pfeffer und Hummer dazugeben, zugedeckt ca. 10 Minuten köcheln lassen. Maizena und Wasser zu einer Paste verrühren, in die Pfanne rühren und unter Rühren köcheln lassen, bis die Sauce klar und dickflüssig wird. Vor dem Servieren die Hitze ausschalten und das Ei einrühren.

Frittierter Hummer

Für 4

450 g Hummerfleisch

30 ml/2 EL Sojasauce

5 ml/1 TL Zucker

1 Ei, geschlagen

30 ml/3 EL reines (Allzweck-)Mehl

Öl zum Frittieren

Das Hummerfleisch in 2,5 cm große Würfel schneiden und mit Sojasauce und Zucker vermischen. 15 Minuten ruhen lassen, dann abtropfen lassen. Schlagen Sie das Ei und das Mehl, dann fügen Sie den Hummer hinzu und werfen Sie ihn gut um. Öl erhitzen und den Hummer goldbraun frittieren. Vor dem Servieren auf Küchenpapier abtropfen lassen.

Für 4

4 Eier, leicht geschlagen

60 ml/4 EL Wasser

5 ml/1 TL Salz

15 ml/1 EL Sojasauce

450 g Hummerfleisch, in Flocken

15 ml/1 EL gehackter Räucherschinken

15 ml/1 EL gehackte frische Petersilie

Eier mit Wasser, Salz und Sojasauce verquirlen. In eine ofenfeste Schüssel umfüllen und mit Hummerfleisch bestreuen. Die Schüssel auf einen Rost in einen Dampfgarer stellen, abdecken und 20 Minuten dämpfen, bis die Eier fest werden. Mit Schinken und Petersilie garniert servieren.

Hummer mit Pilzen

Für 4

450 g Hummerfleisch

15 ml/1 EL Speisestärke (Maisstärke)

60 ml/4 EL Wasser

30 ml/2 EL Erdnussöl (Erdnussöl)

4 Frühlingszwiebeln (Frühlingszwiebeln), dick geschnitten

100 g Champignons, in Scheiben geschnitten

2,5 ml/¬Ω TL Salz

1 Knoblauchzehe, zerdrückt

30 ml/2 EL Sojasauce

15 ml/1 EL Reiswein oder trockener Sherry

Das Hummerfleisch in 2,5 cm große Würfel schneiden. Die Maisstärke und das Wasser zu einer Paste verrühren und die Hummerwürfel in die Mischung geben, um sie zu beschichten. Die Hälfte des Öls erhitzen und die Hummerwürfel anbraten, bis sie leicht gebräunt sind, aus der Pfanne nehmen. Restliches Öl erhitzen und die Frühlingszwiebeln anbraten, bis sie leicht gebräunt sind. Champignons zugeben und 3 Minuten mitbraten. Salz, Knoblauch, Sojasauce und Wein oder Sherry dazugeben und 2 Minuten unter Rühren braten. Den Hummer zurück in die Pfanne geben und unter Rühren braten, bis er durchgeheizt ist.

Für 4

3 getrocknete chinesische Pilze

4 Hummerschwänze

60 ml/4 EL Erdnussöl (Erdnussöl)

100 g gehacktes (gemahlenes) Schweinefleisch

50 g Wasserkastanien, fein gehackt

Salz und frisch gemahlener Pfeffer

2 Zehen Knoblauch, zerdrückt

45 ml/3 EL Sojasauce

30 ml/2 EL Reiswein oder trockener Sherry

30 ml/2 EL schwarze Bohnensauce

10 ml/2 EL Speisestärke (Maisstärke)

120 ml/4 fl oz/¬Ω Tasse Wasser

Die Champignons 30 Minuten in warmem Wasser einweichen und dann abtropfen lassen. Entsorgen Sie die Stiele und hacken Sie die Kappen. Die Hummerschwänze der Länge nach halbieren. Das Fleisch von den Hummerschwänzen entfernen und die Schalen aufbewahren. Die Hälfte des Öls erhitzen und das Schweinefleisch anbraten, bis es eine leichte Farbe hat. Vom Herd nehmen und Pilze, Hummerfleisch, Wasserkastanien, Salz und Pfeffer untermischen. Das Fleisch wieder in die

Hummerschalen drücken und auf einem ofenfesten Teller
anrichten. Auf einen Rost in einen Dampfgarer geben, abdecken
und etwa 20 Minuten dämpfen, bis sie gar sind. In der
Zwischenzeit das restliche Öl erhitzen und Knoblauch,
Sojasauce, Wein oder Sherry und schwarze Bohnensauce 2
Minuten anbraten. Speisestärke und Wasser zu einer Paste
verrühren, in die Pfanne rühren und unter Rühren köcheln lassen,
bis die Sauce eindickt. Den Hummer auf einer vorgewärmten
Servierplatte anrichten, mit der Sauce übergießen und sofort
servieren.

Für 4

450 g Hummerschwänze

30 ml/2 EL Erdnussöl (Erdnussöl)

1 Knoblauchzehe, zerdrückt

2,5 ml/¬Ω TL Salz

350 g Bohnensprossen

50 g Champignons

4 Frühlingszwiebeln (Frühlingszwiebeln), dick geschnitten

150 ml/¬° pt/großzügig ¬Ω Tasse Hühnerbrühe

15 ml/1 EL Speisestärke (Maisstärke)

Einen Topf mit Wasser zum Kochen bringen, die Hummerschwänze dazugeben und 1 Minute kochen lassen. Abgießen, abkühlen lassen, die Schale entfernen und in dicke Scheiben schneiden. Öl mit Knoblauch und Salz erhitzen und braten, bis der Knoblauch leicht gebräunt ist. Den Hummer hinzufügen und 1 Minute mitbraten. Sojasprossen und Champignons dazugeben und 1 Minute mitbraten. Frühlingszwiebeln unterrühren. Den Großteil der Brühe zugeben, aufkochen, zudecken und 3 Minuten köcheln lassen. Die Speisestärke mit der restlichen Brühe mischen, in die Pfanne

einrühren und unter Rühren köcheln lassen, bis die Sauce klar
wird und eindickt.

Hummernester

Für 4

30 ml/2 EL Erdnussöl (Erdnussöl)

5 ml/1 TL Salz

1 Zwiebel, in dünne Scheiben geschnitten

100 g Champignons, in Scheiben geschnitten

100 g Bambussprossen, in Scheiben geschnitten 225 g gekochtes
Hummerfleisch

15 ml/1 EL Reiswein oder trockener Sherry

120 ml/4 fl oz/¬Ω Tasse Hühnerbrühe

Prise frisch gemahlener Pfeffer

10 ml/2 TL Speisestärke (Maisstärke)

15 ml/1 EL Wasser

4 Nudelkörbe

Erhitzen Sie das Öl und braten Sie das Salz und die Zwiebel, bis sie weich sind. Champignons und Bambussprossen dazugeben und 2 Minuten mitbraten. Hummerfleisch, Wein oder Sherry und Brühe dazugeben, aufkochen, zudecken und 2 Minuten köcheln lassen. Pfeffern. Speisestärke und Wasser zu einer Paste verrühren, in die Pfanne rühren und unter Rühren köcheln lassen, bis die Sauce eindickt. Die Nudelnester auf einer vorgewärmten Servierplatte anrichten und mit der Hummerpfanne belegen.

Für 4

45 ml/3 EL Erdnussöl (Erdnussöl)

2 Zehen Knoblauch, zerdrückt

2 Scheiben Ingwerwurzel, gehackt

30 ml/2 EL schwarze Bohnensauce

15 ml/1 EL Sojasauce

1,5 kg Muscheln, geschrubbt und bärtig

2 Frühlingszwiebeln (Frühlingszwiebeln), gehackt

Öl erhitzen und Knoblauch und Ingwer 30 Sekunden anbraten. Fügen Sie die schwarze Bohnensauce und die Sojasauce hinzu und braten Sie sie 10 Sekunden lang. Die Muscheln zugeben, zudecken und ca. 6 Minuten garen, bis sich die Muscheln geöffnet haben. Verwerfen Sie alle, die geschlossen bleiben. In eine vorgewärmte Servierschüssel geben und mit Frühlingszwiebeln bestreut servieren.

Für 4

45 ml/3 EL Erdnussöl (Erdnussöl)

2 Zehen Knoblauch, zerdrückt

4 Scheiben Ingwerwurzel, gehackt

1,5 kg Muscheln, geschrubbt und bärtig

45 ml/3 EL Wasser

15 ml/1 EL Austernsauce

Öl erhitzen und Knoblauch und Ingwer 30 Sekunden anbraten. Muscheln und Wasser zugeben, zugedeckt ca. 6 Minuten kochen, bis sich die Muscheln geöffnet haben. Verwerfen Sie alle, die geschlossen bleiben. In eine vorgewärmte Servierschüssel geben und mit Austernsauce bestreut servieren.

Für 4

1,5 kg Muscheln, geschrubbt und bärtig

45 ml/3 EL Sojasauce

3 Frühlingszwiebeln (Frühlingszwiebeln), fein gehackt

Die Muscheln auf einem Rost in einem Dampfgarer anrichten, zugedeckt etwa 10 Minuten über kochendem Wasser dämpfen, bis sich alle Muscheln geöffnet haben. Verwerfen Sie alle, die geschlossen bleiben. In eine vorgewärmte Servierschüssel geben und mit Sojasauce und Frühlingszwiebeln bestreut servieren.

Für 4

24 Austern, geschält

Salz und frisch gemahlener Pfeffer

1 Ei, geschlagen

50 g/2 oz/¬Ω Tasse reines (Allzweck-)Mehl

250 ml/8 fl oz/1 Tasse Wasser

Öl zum Frittieren

4 Frühlingszwiebeln (Frühlingszwiebeln), gehackt

Die Austern mit Salz und Pfeffer bestreuen. Das Ei mit Mehl und Wasser zu einem Teig schlagen und die Austern damit bestreichen. Öl erhitzen und die Austern goldbraun frittieren. Auf Küchenpapier abtropfen lassen und mit Frühlingszwiebeln garniert servieren.

Für 4

175 g Speck

24 Austern, geschält

1 Ei, leicht geschlagen

15 ml/1 EL Wasser

45 ml/3 EL Erdnussöl (Erdnussöl)

2 Zwiebeln, gehackt

15 ml/1 EL Speisestärke (Maisstärke)

15 ml/1 EL Sojasauce

90 ml/6 EL Hühnerbrühe

Den Speck in Stücke schneiden und um jede Auster ein Stück wickeln. Schlagen Sie das Ei mit dem Wasser auf und tauchen Sie es dann in die Austern, um es zu beschichten. Die Hälfte des Öls erhitzen und die Austern auf beiden Seiten leicht bräunen, dann aus der Pfanne nehmen und das Fett abtropfen lassen. Restliches Öl erhitzen und die Zwiebeln anbraten, bis sie weich sind. Maizena, Sojasauce und Brühe zu einer Paste verrühren, in die Pfanne geben und unter Rühren köcheln lassen, bis die Sauce klar wird und eindickt. Über die Austern gießen und sofort servieren.

Für 4

24 Austern, geschält

2 Scheiben Ingwerwurzel, gehackt

30 ml/2 EL Sojasauce

15 ml/1 EL Reiswein oder trockener Sherry

4 Frühlingszwiebeln (Frühlingszwiebeln), in Streifen geschnitten

100 g Speck

1 Ei

50 g/2 oz/¬Ω Tasse reines (Allzweck-)Mehl

Salz und frisch gemahlener Pfeffer

Öl zum Frittieren

1 Zitrone, in Spalten geschnitten

Die Austern mit Ingwer, Sojasauce und Wein oder Sherry in eine Schüssel geben und gut schwenken. 30 Minuten stehen lassen. Auf jede Auster ein paar Streifen Frühlingszwiebeln legen. Den Speck in Stücke schneiden und um jede Auster ein Stück wickeln. Ei und Mehl zu einem Teig schlagen und mit Salz und Pfeffer würzen. Tauchen Sie die Austern in den Teig, bis sie gut bedeckt sind. Öl erhitzen und die Austern goldbraun frittieren. Mit Zitronenspalten garniert servieren.

Für 4

350 g geschälte Austern

120 ml/4 fl oz/¬Ω Tasse Erdnussöl (Erdnussöl)

2 Zehen Knoblauch, zerdrückt

3 Frühlingszwiebeln (Frühlingszwiebeln), in Scheiben

geschnitten

15 ml/1 EL schwarze Bohnensauce

30 ml/2 EL dunkle Sojasauce

15 ml/1 EL Sesamöl

Prise Chilipulver

Die Austern in kochendem Wasser 30 Sekunden blanchieren und dann abtropfen lassen. Öl erhitzen und Knoblauch und Frühlingszwiebeln 30 Sekunden anbraten. Schwarze Bohnensauce, Sojasauce, Sesamöl und Austern dazugeben und mit Chilipulver abschmecken. Unter Rühren braten, bis es heiß ist, und sofort servieren.

Für 4

60 ml/4 EL Erdnussöl (Erdnussöl)

6 Frühlingszwiebeln (Frühlingszwiebeln), gehackt

225 g Champignons, geviertelt

15 ml/1 EL Zucker

450 g geschälte Jakobsmuscheln

2 Scheiben Ingwerwurzel, gehackt

225 g Bambussprossen, in Scheiben geschnitten

Salz und frisch gemahlener Pfeffer

300 ml/¬Ω pt/1 ¬° Tassen Wasser

30 ml/2 EL Weinessig

30 ml/2 EL Speisestärke (Maisstärke)

150 ml/¬° pt/großzügige ¬Ω Tasse Wasser

45 ml/3 EL Sojasauce

Öl erhitzen und Frühlingszwiebeln und Champignons 2 Minuten anbraten. Zucker, Jakobsmuscheln, Ingwer, Bambussprossen, Salz und Pfeffer hinzufügen, zudecken und 5 Minuten kochen lassen. Wasser und Weinessig zugeben, aufkochen, zudecken und 5 Minuten köcheln lassen. Maizena und Wasser zu einer Paste verrühren, in die Pfanne rühren und unter Rühren köcheln lassen, bis die Sauce eindickt. Mit Sojasauce würzen und servieren.

Jakobsmuscheln mit Ei

Für 4

45 ml/3 EL Erdnussöl (Erdnussöl)

350 g geschälte Jakobsmuscheln

25 g Räucherschinken, gehackt

30 ml/2 EL Reiswein oder trockener Sherry

5 ml/1 TL Zucker

2,5 ml/¬Ω TL Salz

Prise frisch gemahlener Pfeffer

2 Eier, leicht geschlagen

15 ml/1 EL Sojasauce

Öl erhitzen und die Jakobsmuscheln 30 Sekunden braten. Den Schinken dazugeben und 1 Minute mitbraten. Wein oder Sherry, Zucker, Salz und Pfeffer dazugeben und 1 Minute unter Rühren braten. Fügen Sie die Eier hinzu und rühren Sie bei starker Hitze vorsichtig um, bis die Zutaten gut mit Ei umhüllt sind. Mit Sojasauce bestreut servieren.

Für 4

350 g Jakobsmuscheln, in Scheiben geschnitten

3 Scheiben Ingwerwurzel, gehackt

¬Ω kleine Karotte, in Scheiben geschnitten

1 Knoblauchzehe, zerdrückt

45 ml/3 EL reines (Allzweck-)Mehl

2,5 ml/¬Ω TL Natron (Backpulver)

30 ml/2 EL Erdnussöl (Erdnussöl)

15 ml/1 EL Wasser

1 Banane, in Scheiben geschnitten

Öl zum Frittieren

275 g Brokkoli

Salz-

5 ml/1 TL Sesamöl

2,5 ml/¬Ω TL Chilisauce

2,5 ml/¬Ω TL Weinessig

2,5 ml/¬Ω TL Tomatenmark (Paste)

Jakobsmuscheln mit Ingwer, Karotte und Knoblauch mischen und stehen lassen. Mehl, Natron, 15 ml/ 1 EL Öl und Wasser zu einer Paste verrühren und die Bananenscheiben damit bestreichen. Öl erhitzen und die Banane goldbraun frittieren, dann abtropfen lassen und auf einer vorgewärmten Servierplatte anrichten. In der Zwischenzeit den Brokkoli in kochendem Salzwasser kochen, bis er gerade weich ist, dann abgießen. Das restliche Öl mit dem Sesamöl erhitzen und den Brokkoli kurz anbraten, dann mit den Bananen auf dem Teller anrichten. Chilisauce, Weinessig und Tomatenpüree in die Pfanne geben und die Jakobsmuscheln kurz anbraten. Auf die Servierplatte geben und sofort servieren.

Für 4

45 ml/3 EL Erdnussöl (Erdnussöl)

2,5 ml/¬Ω TL Salz

3 Scheiben Ingwerwurzel, gehackt

2 Frühlingszwiebeln (Frühlingszwiebeln), dick geschnitten

450 g geschälte Jakobsmuscheln, halbiert

15 ml/1 EL Speisestärke (Maisstärke)

60 ml/4 EL Wasser

Öl erhitzen und Salz und Ingwer 30 Sekunden anbraten. Die Frühlingszwiebeln dazugeben und unter Rühren leicht bräunen. Die Jakobsmuscheln zugeben und 3 Minuten mitbraten. Speisestärke und Wasser zu einer Paste verrühren, in die Pfanne geben und unter Rühren köcheln lassen, bis sie eindickt. Sofort servieren.

Für 4

450 g geschälte Jakobsmuscheln, halbiert

250 ml/8 fl oz/1 Tasse Reiswein oder trockener Sherry

1 Zwiebel, fein gehackt

2 Scheiben Ingwerwurzel, gehackt

2,5 ml/¬Ω TL Salz

100 g geräucherter Schinken, gehackt

Die Jakobsmuscheln in eine Schüssel geben und den Wein oder Sherry hinzufügen. Zugedeckt 30 Minuten marinieren lassen, dabei gelegentlich wenden, dann die Jakobsmuscheln abtropfen lassen und die Marinade wegwerfen. Die Jakobsmuscheln mit den restlichen Zutaten in eine ofenfeste Form geben. Die Form auf einen Rost in einen Dampfgarer stellen, zudecken und über kochendem Wasser ca. 6 Minuten dämpfen, bis die Jakobsmuscheln weich sind.

Für 4

225 g geschälte Jakobsmuscheln

30 ml/2 EL gehackter frischer Koriander

4 Eier, geschlagen

15 ml/1 EL Reiswein oder trockener Sherry

Salz und frisch gemahlener Pfeffer

15 ml/1 EL Erdnussöl (Erdnussöl)

Die Jakobsmuscheln in einen Dampfgarer geben und je nach Größe ca. 3 Minuten garen, bis sie gar sind. Aus dem Dampfgarer nehmen und mit Koriander bestreuen. Die Eier mit dem Wein oder Sherry verquirlen und mit Salz und Pfeffer abschmecken. Jakobsmuscheln und Koriander untermischen. Das Öl erhitzen und die Ei-Jakobsmuschel-Mischung unter ständigem Rühren braten, bis die Eier gerade fest geworden sind. Sofort servieren.

Für 4

45 ml/3 EL Erdnussöl (Erdnussöl)

1 Zwiebel, in Scheiben geschnitten

450 g geschälte Jakobsmuscheln, geviertelt

Salz und frisch gemahlener Pfeffer

15 ml/1 EL Reiswein oder trockener Sherry

Erhitzen Sie das Öl und braten Sie die Zwiebel, bis sie weich ist. Die Jakobsmuscheln zugeben und unter Rühren braten, bis sie leicht gebräunt sind. Mit Salz und Pfeffer würzen, mit Wein oder Sherry beträufeln und sofort servieren.

Jakobsmuscheln mit Gemüse

Dient 4‚Äì6

4 getrocknete chinesische Pilze

2 Zwiebeln

30 ml/2 EL Erdnussöl (Erdnussöl)

3 Stangen Sellerie, schräg geschnitten

225 g grüne Bohnen, schräg in Scheiben geschnitten

10 ml/2 TL geriebene Ingwerwurzel

1 Knoblauchzehe, zerdrückt

20 ml/4 TL Speisestärke (Maisstärke)

250 ml / 1 Tasse Hühnerbrühe

30 ml/2 EL Reiswein oder trockener Sherry

30 ml/2 EL Sojasauce

450 g geschälte Jakobsmuscheln, geviertelt

6 Frühlingszwiebeln (Frühlingszwiebeln), geschnitten

425 g Babymaiskolben in Dosen

Die Champignons 30 Minuten in warmem Wasser einweichen und dann abtropfen lassen. Die Stiele wegwerfen und die Kappen in Scheiben schneiden. Die Zwiebeln in Spalten schneiden und die Schichten trennen. Öl erhitzen und Zwiebeln, Sellerie, Bohnen, Ingwer und Knoblauch 3 Minuten anbraten. Die Maisstärke mit etwas Brühe verrühren, dann die restliche Brühe,

Wein oder Sherry und Sojasauce unterrühren. In den Wok geben und unter Rühren aufkochen. Champignons, Jakobsmuscheln, Frühlingszwiebeln und Mais zugeben und ca. 5 Minuten unter Rühren braten, bis die Jakobsmuscheln weich sind.

Für 4

30 ml/2 EL Erdnussöl (Erdnussöl)

3 Frühlingszwiebeln (Frühlingszwiebeln), gehackt

1 Knoblauchzehe, zerdrückt

2 Scheiben Ingwerwurzel, gehackt

2 rote Paprika, gewürfelt

450 g geschälte Jakobsmuscheln

30 ml/2 EL Reiswein oder trockener Sherry

15 ml/1 EL Sojasauce

15 ml/1 EL gelbe Bohnensauce

5 ml/1 TL Zucker

5 ml/1 TL Sesamöl

Öl erhitzen und Frühlingszwiebeln, Knoblauch und Ingwer 30 Sekunden anbraten. Paprika dazugeben und 1 Minute mitbraten. Die Jakobsmuscheln zugeben und 30 Sekunden unter Rühren braten, dann die restlichen Zutaten hinzufügen und etwa 3 Minuten kochen, bis die Jakobsmuscheln weich sind.

Tintenfisch mit Sojasprossen

Für 4

450 g Tintenfisch

30 ml/2 EL Erdnussöl (Erdnussöl)

15 ml/1 EL Reiswein oder trockener Sherry

100 g Bohnensprossen

15 ml/1 EL Sojasauce

Salz-

1 rote Chilischote, zerkleinert

2 Scheiben Ingwerwurzel, zerkleinert

2 Frühlingszwiebeln (Frühlingszwiebeln), gerieben

Kopf, Eingeweide und Membran vom Tintenfisch entfernen und in große Stücke schneiden. Schneiden Sie ein Kreuzmuster auf jedes Stück. Wasser in einem Topf zum Kochen bringen, Tintenfisch dazugeben und köcheln lassen, bis sich die Stücke aufrollen, dann herausnehmen und abtropfen lassen. Die Hälfte des Öls erhitzen und den Tintenfisch kurz anbraten. Mit Wein oder Sherry beträufeln. In der Zwischenzeit das restliche Öl erhitzen und die Sojasprossen kurz anbraten. Mit Sojasauce und Salz abschmecken. Chili, Ingwer und Frühlingszwiebeln auf einem Servierteller anrichten. Die Sojasprossen in die Mitte stapeln und mit dem Tintenfisch belegen. Sofort servieren.

Für 4

50 g einfaches (Allzweck-)Mehl

25 g/1 oz/¬° Tasse Speisestärke (Maisstärke)

2,5 ml/¬Ω TL Backpulver

2,5 ml/¬Ω TL Salz

1 Ei

75 ml/5 EL Wasser

15 ml/1 EL Erdnussöl (Erdnussöl)

450 g Tintenfisch, in Ringe geschnitten

Öl zum Frittieren

Mehl, Maisstärke, Backpulver, Salz, Ei, Wasser und Öl zu einem Teig verrühren. Tauchen Sie den Tintenfisch in den Teig, bis er gut bedeckt ist. Öl erhitzen und den Tintenfisch nach und nach goldbraun frittieren. Vor dem Servieren auf Küchenpapier abtropfen lassen.

Tintenfisch-Pakete

Für 4

8 getrocknete chinesische Pilze

450 g Tintenfisch

100 g geräucherter Schinken

100 g Tofu

1 Ei, geschlagen

15 ml/1 EL reines (Allzweck-)Mehl

2,5 ml/¬Ω TL Zucker

2,5 ml/¬Ω TL Sesamöl

Salz und frisch gemahlener Pfeffer

8 Wan-Tan-Skins

Öl zum Frittieren

Die Champignons 30 Minuten in warmem Wasser einweichen und dann abtropfen lassen. Entsorgen Sie die Stiele. Den Tintenfisch putzen und in 8 Stücke schneiden. Schinken und Tofu in 8 Stücke schneiden. Gib sie alle in eine Schüssel. Das Ei mit Mehl, Zucker, Sesamöl, Salz und Pfeffer vermischen. Die Zutaten in die Schüssel geben und vorsichtig vermischen. Ordnen Sie eine Pilzkappe und jeweils ein Stück Tintenfisch, Schinken und Tofu direkt unter der Mitte jeder Wan-Tan-Haut an. Falten Sie die untere Ecke hoch, falten Sie die Seiten ein und rollen Sie

sie auf. Öl erhitzen und die Päckchen ca. 8 Minuten goldbraun frittieren. Vor dem Servieren gut abtropfen lassen.

Gebratene Tintenfischbrötchen

Für 4

45 ml/3 EL Erdnussöl (Erdnussöl)

225 g Tintenfischringe

1 große grüne Paprika, in Stücke geschnitten

100 g Bambussprossen, in Scheiben geschnitten

2 Frühlingszwiebeln (Frühlingszwiebeln), fein gehackt

1 Scheibe Ingwerwurzel, fein gehackt

45 ml/2 EL Sojasauce

30 ml/2 EL Reiswein oder trockener Sherry

15 ml/1 EL Speisestärke (Maisstärke)

15 ml/1 EL Fischfond oder Wasser

5 ml/1 TL Zucker

5 ml/1 TL Weinessig

5 ml/1 TL Sesamöl

Salz und frisch gemahlener Pfeffer

15 ml/1 EL Öl erhitzen und die Tintenfischringe kurz anbraten, bis sie gerade dicht sind. In der Zwischenzeit das restliche Öl in einer separaten Pfanne erhitzen und Paprika, Bambussprossen, Frühlingszwiebeln und Ingwer 2 Minuten anbraten. Den Tintenfisch dazugeben und 1 Minute mitbraten. Sojasauce, Wein oder Sherry, Speisestärke, Brühe, Zucker, Weinessig und

Sesamöl einrühren und mit Salz und Pfeffer würzen. Unter Rühren braten, bis die Sauce klar wird und eindickt.

Für 4

45 ml/3 EL Erdnussöl (Erdnussöl)

3 Frühlingszwiebeln (Frühlingszwiebeln), dick geschnitten

2 Scheiben Ingwerwurzel, gehackt

450 g Tintenfisch, in Stücke geschnitten

15 ml/1 EL Sojasauce

15 ml/1 EL Reiswein oder trockener Sherry

5 ml/1 TL Speisestärke (Maisstärke)

15 ml/1 EL Wasser

Öl erhitzen und Frühlingszwiebeln und Ingwer anbraten, bis sie weich sind. Den Tintenfisch hinzufügen und unter Rühren braten, bis er mit Öl bedeckt ist. Sojasauce und Wein oder Sherry dazugeben, zugedeckt 2 Minuten köcheln lassen. Maizena und Wasser zu einer Paste verrühren, in die Pfanne geben und unter Rühren köcheln lassen, bis die Sauce eindickt und der Tintenfisch zart ist.

Für 4

50 g getrocknete chinesische Pilze

450 g Tintenfischringe

45 ml/3 EL Erdnussöl (Erdnussöl)

45 ml/3 EL Sojasauce

2 Frühlingszwiebeln (Frühlingszwiebeln), fein gehackt

1 Scheibe Ingwerwurzel, gehackt

225 g Bambussprossen, in Streifen geschnitten

30 ml/2 EL Speisestärke (Maisstärke)

150 ml/¬° pt/großzügig ¬Ω Tasse Fischfond

Die Champignons 30 Minuten in warmem Wasser einweichen und dann abtropfen lassen. Die Stiele wegwerfen und die Kappen in Scheiben schneiden. Die Tintenfischringe einige Sekunden in kochendem Wasser blanchieren. Das Öl erhitzen, dann Champignons, Sojasauce, Frühlingszwiebeln und Ingwer einrühren und 2 Minuten braten. Tintenfisch und Bambussprossen dazugeben und 2 Minuten braten. Speisestärke und Brühe vermischen und in die Pfanne rühren. Unter Rühren köcheln lassen, bis die Sauce klar wird und eindickt.

Für 4

45 ml/3 EL Erdnussöl (Erdnussöl)

1 Zwiebel, in Scheiben geschnitten

5 ml/1 TL Salz

450 g Tintenfisch, in Stücke geschnitten

100 g Bambussprossen, in Scheiben geschnitten

2 Stangen Sellerie, schräg geschnitten

60 ml/4 EL Hühnerbrühe

5 ml/1 TL Zucker

100 g Zuckerschoten (Schneerbsen)

5 ml/ 1 TL Speisestärke (Maisstärke)

15 ml/1 EL Wasser

Öl erhitzen und Zwiebel und Salz anbraten, bis sie leicht gebräunt sind. Den Tintenfisch hinzufügen und braten, bis er mit Öl bedeckt ist. Bambussprossen und Sellerie dazugeben und 3 Minuten braten. Brühe und Zucker dazugeben, aufkochen, zugedeckt 3 Minuten köcheln lassen, bis das Gemüse gerade zart ist. Zuckerschoten einrühren. Speisestärke und Wasser zu einer Paste verrühren, in die Pfanne rühren und unter Rühren köcheln lassen, bis die Sauce eindickt.

Für 4

30 ml/2 EL Erdnussöl (Erdnussöl)

450 g Chucks-Steak

1 Knoblauchzehe, zerdrückt

45 ml/3 EL Sojasauce

15 ml/1 EL Wasser

15 ml/1 EL Reiswein oder trockener Sherry

5 ml/1 TL Salz

5 ml/1 TL Zucker

2 Nelken Sternanis

Öl erhitzen und das Rindfleisch anbraten, bis es von allen Seiten gebräunt ist. Die restlichen Zutaten hinzufügen, zum Köcheln bringen, zugedeckt etwa 45 Minuten leicht köcheln lassen, dann das Fleisch wenden und etwas mehr Wasser und Sojasauce hinzufügen, wenn das Fleisch trocken ist. Weitere 45 Minuten köcheln lassen, bis das Fleisch zart ist. Entsorgen Sie den Sternanis vor dem Servieren.

Für 4

450 g Rumpsteak, gewürfelt

30 ml/2 EL Sojasauce

30 ml/2 EL Reiswein oder trockener Sherry

45 ml/3 EL Speisestärke (Maisstärke)

45 ml/3 EL Erdnussöl (Erdnussöl)

5 ml/1 TL Salz

1 Knoblauchzehe, zerdrückt

350 g Spargelspitzen

120 ml/4 fl oz/¬Ω Tasse Hühnerbrühe

15 ml/1 EL Sojasauce

Legen Sie das Steak in eine Schüssel. Sojasauce, Wein oder Sherry und 30 ml/2 EL Speisestärke vermischen, über das Steak gießen und gut verrühren. 30 Minuten marinieren lassen. Öl mit Salz und Knoblauch erhitzen und braten, bis der Knoblauch leicht gebräunt ist. Fleisch und Marinade dazugeben und 4 Minuten braten. Spargel zugeben und 2 Minuten unter Rühren anbraten. Brühe und Sojasauce zugeben, aufkochen und unter Rühren 3 Minuten köcheln lassen, bis das Fleisch gar ist. Restliche Maisstärke mit etwas mehr Wasser oder Brühe verrühren und in die Sauce einrühren. Unter Rühren einige Minuten köcheln lassen, bis die Sauce klar wird und eindickt.

Rindfleisch mit Bambussprossen

Für 4

45 ml/3 EL Erdnussöl (Erdnussöl)

1 Knoblauchzehe, zerdrückt

1 Frühlingszwiebel (Schalzwiebel), gehackt

1 Scheibe Ingwerwurzel, gehackt

225 g mageres Rindfleisch, in Streifen geschnitten

100 g Bambussprossen

45 ml/3 EL Sojasauce

15 ml/1 EL Reiswein oder trockener Sherry

5 ml/1 TL Speisestärke (Maisstärke)

Öl erhitzen und Knoblauch, Frühlingszwiebel und Ingwer anbraten, bis sie leicht gebräunt sind. Fügen Sie das Rindfleisch hinzu und braten Sie es 4 Minuten lang, bis es leicht gebräunt ist. Die Bambussprossen dazugeben und 3 Minuten mitbraten. Sojasauce, Wein oder Sherry und Maisstärke dazugeben und 4 Minuten unter Rühren braten.

Für 4

225 g mageres Rindfleisch

45 ml/3 EL Erdnussöl (Erdnussöl)

1 Scheibe Ingwerwurzel, gehackt

100 g Bambussprossen, in Scheiben geschnitten

100 g Champignons, in Scheiben geschnitten

45 ml/3 EL Reiswein oder trockener Sherry

5 ml/1 TL Zucker

10 ml/2 TL Sojasauce

Salz und Pfeffer

120 ml/4 fl oz/¬Ω Tasse Rinderfond

15 ml/1 EL Speisestärke (Maisstärke)

30 ml/2 EL Wasser

Das Rindfleisch gegen die Faser in dünne Scheiben schneiden.
Das Öl erhitzen und den Ingwer einige Sekunden anbraten.
Fügen Sie das Rindfleisch hinzu und braten Sie es, bis es gerade
gebräunt ist. Bambussprossen und Champignons dazugeben und
1 Minute mitbraten. Wein oder Sherry, Zucker und Sojasauce
dazugeben und mit Salz und Pfeffer würzen. Brühe einrühren,
aufkochen, zudecken und 3 Minuten köcheln lassen. Speisestärke

und Wasser mischen, in die Pfanne rühren und unter Rühren

köcheln lassen, bis die Sauce eindickt.

Für 4

45 ml/3 EL Erdnussöl (Erdnussöl)

900 g Chucks-Steak

1 Frühlingszwiebel (Schalzwiebel), geschnitten

1 Knoblauchzehe, gehackt

1 Scheibe Ingwerwurzel, gehackt

60 ml/4 EL Sojasauce

30 ml/2 EL Reiswein oder trockener Sherry

5 ml/1 TL Zucker

5 ml/1 TL Salz

Prise Pfeffer

750 ml/1° pts/3 Tassen kochendes Wasser

Öl erhitzen und das Rindfleisch von allen Seiten schnell anbraten. Frühlingszwiebel, Knoblauch, Ingwer, Sojasauce, Wein oder Sherry, Zucker, Salz und Pfeffer hinzufügen. Aufkochen, rühren. Das kochende Wasser dazugeben, unter Rühren wieder aufkochen, dann zugedeckt ca. 2 Stunden köcheln lassen, bis das Rindfleisch zart ist.

101

Für 4

450 g mageres Rindfleisch, in Scheiben geschnitten

1 Eiweiß

30 ml/2 EL Erdnussöl (Erdnussöl)

15 ml/1 EL Speisestärke (Maisstärke)

15 ml/1 EL Sojasauce

100 g Bohnensprossen

25 g eingelegter Kohl, zerkleinert

1 rote Chilischote, zerkleinert

2 Frühlingszwiebeln (Frühlingszwiebeln), gerieben

2 Scheiben Ingwerwurzel, zerkleinert

Salz-

5 ml/1 TL Austernsauce

5 ml/1 TL Sesamöl

Das Rindfleisch mit dem Eiweiß, der Hälfte des Öls, der Maisstärke und der Sojasauce mischen und 30 Minuten ruhen lassen. Die Sojasprossen in kochendem Wasser etwa 8 Minuten blanchieren, bis sie fast weich sind, dann abtropfen lassen. Das restliche Öl erhitzen und das Rindfleisch unter Rühren anbraten, bis es leicht gebräunt ist, dann aus der Pfanne nehmen. Sauerkraut, Chilischote, Ingwer, Salz, Austernsauce und Sesamöl

zugeben und 2 Minuten braten. Sojasprossen dazugeben und 2
Minuten mitbraten. Geben Sie das Rindfleisch zurück in die
Pfanne und braten Sie es an, bis es gut vermischt und erhitzt ist.
Sofort servieren.

Rindfleisch mit Broccoli

Für 4

450 g Rumpsteak, in dünne Scheiben geschnitten

30 ml/2 EL Speisestärke (Maisstärke)

15 ml/1 EL Reiswein oder trockener Sherry

15 ml/1 EL Sojasauce

30 ml/2 EL Erdnussöl (Erdnussöl)

5 ml/1 TL Salz

1 Knoblauchzehe, zerdrückt

225 g Brokkoliröschen

150 ml/¬° pt/großzügig ¬Ω Tasse Rinderfond

Legen Sie das Steak in eine Schüssel. 15 ml/1 EL Speisestärke mit Wein oder Sherry und Sojasauce verrühren, unter das Fleisch rühren und 30 Minuten marinieren lassen. Öl mit Salz und Knoblauch erhitzen und braten, bis der Knoblauch leicht gebräunt ist. Steak und Marinade dazugeben und 4 Minuten braten. Brokkoli dazugeben und 3 Minuten mitbraten. Brühe hinzufügen, aufkochen, zudecken und 5 Minuten köcheln lassen, bis der Brokkoli gerade zart, aber noch knusprig ist. Restliche Speisestärke mit etwas Wasser vermischen und in die Sauce einrühren. Unter Rühren köcheln lassen, bis die Sauce klar wird und eindickt.

Für 4

150 g mageres Rindfleisch, in dünne Scheiben geschnitten

2,5 ml/¬Ω TL Austernsauce

5 ml/1 TL Speisestärke (Maisstärke)

5 ml/1 TL Weißweinessig

60 ml/4 EL Erdnussöl (Erdnussöl)

100 g Brokkoliröschen

5 ml/1 TL Fischsauce

2,5 ml/¬Ω TL Sojasauce

250 ml/8 fl oz/1 Tasse Rinderfond

30 ml/2 EL Sesam

Das Rindfleisch mit der Austernsauce, 2,5 ml/, TL Speisestärke, 2,5 ml/¬Ω TL Weinessig und 15 ml/ 1 EL Öl 1 Stunde marinieren.

In der Zwischenzeit 15 ml/1 EL Öl erhitzen, Brokkoli, 2,5 ml/¬Ω TL Fischsauce, Sojasauce und restlichen Weinessig dazugeben und mit kochendem Wasser übergießen. Etwa 10 Minuten köcheln lassen, bis sie gerade zart sind.

30 ml/2 EL Öl in einer separaten Pfanne erhitzen und das Rindfleisch kurz anbraten, bis es dicht ist. Brühe, restliche

105

Speisestärke und Fischsauce zugeben, aufkochen, zugedeckt ca. 10 Minuten köcheln lassen, bis das Fleisch zart ist. Brokkoli abtropfen lassen und auf einer vorgewärmten Servierplatte anrichten. Mit dem Fleisch belegen und großzügig mit Sesam bestreuen.

Gegrilltes Rindfleisch

Für 4

450 g mageres Steak, in Scheiben

60 ml/4 EL Sojasauce

2 Zehen Knoblauch, zerdrückt

5 ml/1 TL Salz

2,5 ml/¬Ω TL frisch gemahlener Pfeffer

10 ml/2 TL Zucker

Alle Zutaten vermischen und 3 Stunden marinieren lassen. Grillen oder grillen (broil) über einem heißen Grill für ca. 5 Minuten von jeder Seite.

Für 4

30 ml/2 EL Speisestärke (Maisstärke)

2 Eiweiß, geschlagen

450 g Steak, in Streifen geschnitten

Öl zum Frittieren

4 Stangen Sellerie, in Scheiben geschnitten

2 Zwiebeln, in Scheiben geschnitten

60 ml/4 EL Wasser

20 ml/4 TL Salz

75 ml/5 EL Sojasauce

60 ml/4 EL Reiswein oder trockener Sherry

30 ml/2 EL Zucker

frisch gemahlener Pfeffer

Die Hälfte der Maisstärke mit dem Eiweiß vermischen. Fügen Sie das Steak hinzu und mischen Sie, um das Rindfleisch mit dem Teig zu überziehen. Das Öl erhitzen und das Steak frittieren, bis es gebräunt ist. Aus der Pfanne nehmen und auf Küchenpapier abtropfen lassen. 15 ml/1 EL Öl erhitzen und Sellerie und Zwiebeln 3 Minuten anbraten. Fleisch, Wasser, Salz, Sojasauce, Wein oder Sherry und Zucker dazugeben und mit

Pfeffer würzen. Aufkochen und unter Rühren köcheln lassen, bis die Sauce eindickt.

Für 4

30 ml/2 EL Erdnussöl (Erdnussöl)

450 g mageres Rindfleisch, gewürfelt

2 Frühlingszwiebeln (Frühlingszwiebeln), in Scheiben geschnitten

2 Zehen Knoblauch, zerdrückt

1 Scheibe Ingwerwurzel, gehackt

250 ml/8 fl oz/1 Tasse Sojasauce

30 ml/2 EL Reiswein oder trockener Sherry

30 ml/2 EL brauner Zucker

5 ml/1 TL Salz

600 ml/1 pt/2¬Ω Tassen Wasser

4 Karotten, schräg geschnitten

Öl erhitzen und das Rindfleisch anbraten, bis es leicht gebräunt ist. Überschüssiges Öl abgießen und Frühlingszwiebeln, Knoblauch, Ingwer und Anis 2 Minuten braten. Sojasauce, Wein oder Sherry, Zucker und Salz dazugeben und gut vermischen. Wasser hinzufügen, aufkochen, zudecken und 1 Stunde köcheln lassen. Die Karotten dazugeben, zudecken und weitere 30 Minuten köcheln lassen. Deckel abnehmen und köcheln lassen, bis die Sauce reduziert ist.

Für 4

60 ml/4 EL Erdnussöl (Erdnussöl)

450 g Rumpsteak, in dünne Scheiben geschnitten

8 Frühlingszwiebeln (Frühlingszwiebeln), in Stücke geschnitten

2 Zehen Knoblauch, zerdrückt

1 Scheibe Ingwerwurzel, gehackt

75 g/3 oz/¬œ Tasse geröstete Cashewkerne

120 ml/4 fl oz/¬Ω Tasse Wasser

20 ml/4 TL Speisestärke (Maisstärke)

20 ml/4 TL Sojasauce

5 ml/1 TL Sesamöl

5 ml/1 TL Austernsauce

5 ml/1 TL Chilisauce

Die Hälfte des Öls erhitzen und das Fleisch unter Rühren anbraten, bis es leicht gebräunt ist. Aus der Pfanne nehmen. Restliches Öl erhitzen und Frühlingszwiebeln, Knoblauch, Ingwer und Cashewkerne 1 Minute anbraten. Das Fleisch wieder in die Pfanne geben. Die restlichen Zutaten vermischen und die Mischung in die Pfanne rühren. Aufkochen und unter Rühren köcheln lassen, bis die Mischung eindickt.

Für 4

30 ml/2 EL Erdnussöl (Erdnussöl)

450 g geschmortes Rindfleisch, gewürfelt

3 Scheiben Ingwerwurzel, gehackt

3 Karotten, in Scheiben geschnitten

1 Rübe, gewürfelt

15 ml/1 EL schwarze Datteln, entsteint

15 ml/1 EL Lotussamen

30 ml/2 EL Tomatenmark (Paste)

10 ml/2 EL Salz

900 ml/1¬Ω pts/3¬œ Tassen Rinderbrühe

250 ml/8 fl oz/1 Tasse Reiswein oder trockener Sherry

Öl in einer großen feuerfesten Kasserolle oder Pfanne erhitzen und das Rindfleisch anbraten, bis es von allen Seiten verschlossen ist.

Für 4

225 g Blumenkohlröschen

Öl zum Frittieren

225 g Rindfleisch, in Streifen geschnitten

50 g Bambussprossen, in Streifen geschnitten

10 Wasserkastanien, in Streifen geschnitten

120 ml/4 fl oz/¬Ω Tasse Hühnerbrühe

15 ml/1 EL Sojasauce

15 ml/1 EL Austernsauce

15 ml/1 EL Tomatenmark (Paste)

15 ml/1 EL Speisestärke (Maisstärke)

2,5 ml/¬Ω TL Sesamöl

Den Blumenkohl 2 Minuten in kochendem Wasser kochen und dann abgießen. Öl erhitzen und den Blumenkohl frittieren, bis er leicht gebräunt ist. Herausnehmen und auf Küchenpapier abtropfen lassen. Das Öl wieder erhitzen und das Rindfleisch frittieren, bis es leicht gebräunt ist, dann herausnehmen und abtropfen lassen. Alles bis auf 15 ml/1 EL Öl abgießen und die Bambussprossen und Wasserkastanien 2 Minuten unter Rühren braten. Die restlichen Zutaten dazugeben, aufkochen und unter Rühren köcheln lassen, bis die Sauce eindickt. Das Rindfleisch und den Blumenkohl wieder in die Pfanne geben und leicht

erhitzen. Sofort servieren.

Für 4

100 g Sellerie, in Streifen geschnitten

45 ml/3 EL Erdnussöl (Erdnussöl)

2 Frühlingszwiebeln (Frühlingszwiebeln), gehackt

1 Scheibe Ingwerwurzel, gehackt

225 g mageres Rindfleisch, in Streifen geschnitten

30 ml/2 EL Sojasauce

30 ml/2 EL Reiswein oder trockener Sherry

2,5 ml/¬Ω TL Zucker

2,5 ml/¬Ω TL Salz

Den Sellerie in kochendem Wasser 1 Minute blanchieren und dann gründlich abtropfen lassen. Öl erhitzen und Frühlingszwiebeln und Ingwer anbraten, bis sie leicht gebräunt sind. Das Rindfleisch dazugeben und 4 Minuten braten. Sellerie dazugeben und 2 Minuten mitbraten. Sojasauce, Wein oder Sherry, Zucker und Salz dazugeben und 3 Minuten unter Rühren braten.

Für 4

450 g Schweinefleisch, gewürfelt

Salz und Pfeffer

30 ml/2 EL Sojasauce

30 ml/2 EL Hoisinsauce

45 ml/3 EL Erdnussöl (Erdnussöl)

120 ml/4 fl oz/½ Tasse Reiswein oder trockener Sherry

300 ml/½ pt/1¼ Tassen Hühnerbrühe

5 ml/1 TL Fünf-Gewürze-Pulver

6 Frühlingszwiebeln (Frühlingszwiebeln), gehackt

225 g Austernpilze, in Scheiben geschnitten

15 ml/1 EL Speisestärke (Maisstärke)

Das Fleisch mit Salz und Pfeffer würzen. In eine Schüssel geben und mit Sojasauce und Hoisinsauce vermischen. Abdecken und 1 Stunde marinieren lassen. Öl erhitzen und das Fleisch unter Rühren goldbraun braten. Wein oder Sherry, Brühe und Fünf-Gewürze-Pulver dazugeben, aufkochen, zugedeckt 1 Stunde köcheln lassen. Frühlingszwiebeln und Champignons zugeben, Deckel abnehmen und weitere 4 Minuten köcheln lassen. Maizena mit etwas Wasser verrühren, wieder aufkochen und unter Rühren 3 Minuten köcheln lassen, bis die Sauce eindickt.

Gedämpfte Schweinefleischbrötchen

Macht 12

30 ml/2 EL Hoisinsauce

15 ml/1 EL Austernsauce

15 ml/1 EL Sojasauce

2,5 ml/½ TL Sesamöl

30 ml/2 EL Erdnussöl (Erdnussöl)

10 ml/2 TL geriebene Ingwerwurzel

1 Knoblauchzehe, zerdrückt

300 ml/½ pt/1¼ Tassen Wasser

15 ml/1 EL Speisestärke (Maisstärke)

225 g gekochtes Schweinefleisch, fein gehackt

4 Frühlingszwiebeln (Frühlingszwiebeln), fein gehackt

350 g/12 oz/3 Tassen reines (Allzweck-)Mehl

15 ml/1 EL Backpulver

2,5 ml/½ TL Salz

50 g/2 oz/½ Tasse Schmalz

5 ml/1 TL Weinessig

12 x 13 cm/5 in Pergamentpapierquadrate

Mischen Sie die Hoisin-, Austern- und Sojasaucen und das Sesamöl. Öl erhitzen und Ingwer und Knoblauch anbraten, bis sie leicht gebräunt sind. Die Saucenmischung dazugeben und 2

Minuten braten. Mischen Sie 120 ml/4 fl oz/½ Tasse Wasser mit der Maisstärke und rühren Sie es in die Pfanne. Unter Rühren zum Kochen bringen, dann köcheln lassen, bis die Mischung eindickt. Schweinefleisch und Zwiebeln einrühren und abkühlen lassen.

Mehl, Backpulver und Salz vermischen. Das Schmalz einreiben, bis die Mischung feinen Semmelbröseln ähnelt. Den Weinessig und das restliche Wasser verrühren und mit dem Mehl zu einem festen Teig verrühren. Auf einer bemehlten Arbeitsfläche leicht durchkneten, dann abdecken und 20 Minuten ruhen lassen.

Den Teig noch einmal durchkneten, dann in 12 Teile teilen und jeweils zu einer Kugel formen. Auf einer bemehlten Arbeitsfläche kreisförmig auf 15 cm ausrollen. Einen Löffel der Füllung in die Mitte jedes Kreises geben, die Ränder mit Wasser bestreichen und die Ränder zusammendrücken, um die Füllung zu versiegeln. Eine Seite jedes Pergamentpapierquadrats mit Öl bestreichen. Legen Sie jedes Brötchen mit der Nahtseite nach unten auf ein Quadrat Papier. Legen Sie die Brötchen in einer einzigen Schicht auf ein Dampfgargestell über kochendem Wasser. Die Brötchen zudecken und etwa 20 Minuten dämpfen, bis sie gar sind.

Für 4

6 getrocknete chinesische Pilze

30 ml/2 EL Erdnussöl (Erdnussöl)

450 g Schweinefleisch, in Streifen geschnitten

2 Zwiebeln, in Scheiben geschnitten

2 rote Paprika, in Streifen geschnitten

350 g Weißkohl, zerkleinert

2 Knoblauchzehen, gehackt

2 Stück Ingwerstiel, gehackt

30 ml/2 EL Honig

45 ml/3 EL Sojasauce

120 ml/4 fl oz/½ Tasse trockener Weißwein

Salz und Pfeffer

10 ml/2 TL Speisestärke (Maisstärke)

15 ml/1 EL Wasser

Die Champignons 30 Minuten in warmem Wasser einweichen und dann abtropfen lassen. Die Stiele wegwerfen und die Kappen in Scheiben schneiden. Das Öl erhitzen und das Schweinefleisch anbraten, bis es leicht gebräunt ist. Gemüse, Knoblauch und Ingwer dazugeben und 1 Minute mitbraten. Honig, Sojasauce und Wein dazugeben, aufkochen, zugedeckt 40 Minuten köcheln

lassen, bis das Fleisch gar ist. Mit Salz und Pfeffer würzen.
Maisstärke und Wasser vermischen und in die Pfanne rühren.
Unter ständigem Rühren kurz zum Kochen bringen, dann 1
Minute köcheln lassen.

Für 4

30 ml/2 EL Erdnussöl (Erdnussöl)

450 g mageres Schweinefleisch, in Streifen geschnitten

Salz und frisch gemahlener Pfeffer

1 Knoblauchzehe, zerdrückt

1 Zwiebel, fein gehackt

½ Kohl, zerkleinert

450 g Tomaten, enthäutet und geviertelt

250 ml/8 fl oz/1 Tasse Brühe

30 ml/2 EL Speisestärke (Maisstärke)

15 ml/1 EL Sojasauce

60 ml/4 EL Wasser

Das Öl erhitzen und das Schweinefleisch, Salz, Pfeffer, Knoblauch und Zwiebel leicht bräunen. Kohl, Tomaten und Brühe zugeben, aufkochen, zugedeckt 10 Minuten köcheln lassen, bis der Kohl gerade zart ist. Speisestärke, Sojasauce und Wasser zu einer Paste pürieren, in die Pfanne rühren und unter Rühren köcheln lassen, bis die Sauce klar und dickflüssig wird.

Für 4

350 g Schweinebauch

2 Frühlingszwiebeln (Frühlingszwiebeln), gehackt

1 Scheibe Ingwerwurzel, gehackt

1 Stange Zimt

3 Nelken Sternanis

45 ml/3 EL brauner Zucker

600 ml/1 pt/2½ Tassen Wasser

15 ml/1 EL Erdnussöl (Erdnussöl)

15 ml/1 EL Sojasauce

5 ml/1 TL Tomatenmark (Paste)

5 ml/1 TL Austernsauce

100 g Chinakohlherzen

100 g Pak-Choi

Das Schweinefleisch in 10 cm große Stücke schneiden und in eine Schüssel geben. Frühlingszwiebeln, Ingwer, Zimt, Sternanis, Zucker und Wasser zugeben und 40 Minuten ziehen lassen. Öl erhitzen, Schweinefleisch aus der Marinade heben und in die Pfanne geben. Braten, bis sie leicht gebräunt sind, dann Sojasauce, Tomatenmark und Austernsauce hinzufügen. Aufkochen und ca. 30 Minuten köcheln lassen, bis das

Schweinefleisch zart und die Flüssigkeit reduziert ist. Eventuell während des Garens noch etwas Wasser hinzufügen.

In der Zwischenzeit die Kohlherzen und den Pak Choi in kochendem Wasser etwa 10 Minuten dämpfen, bis sie weich sind. Auf einer vorgewärmten Servierplatte anrichten, mit dem Schweinefleisch belegen und die Sauce darüber geben.

Für 4

45 ml/3 EL Erdnussöl (Erdnussöl)

1 Knoblauchzehe, zerdrückt

1 Frühlingszwiebel (Schalzwiebel), gehackt

1 Scheibe Ingwerwurzel, gehackt

225 g mageres Schweinefleisch, in Streifen geschnitten

100 g Sellerie, in dünne Scheiben geschnitten

45 ml/3 EL Sojasauce

15 ml/1 EL Reiswein oder trockener Sherry

5 ml/1 TL Speisestärke (Maisstärke)

Öl erhitzen und Knoblauch, Frühlingszwiebel und Ingwer anbraten, bis sie leicht gebräunt sind. Fügen Sie das Schweinefleisch hinzu und braten Sie es 10 Minuten lang, bis es goldbraun ist. Sellerie dazugeben und 3 Minuten mitbraten. Die restlichen Zutaten dazugeben und 3 Minuten unter Rühren braten.

Für 4

4 getrocknete chinesische Pilze

100 g/4 oz/1 Tasse Kastanien

30 ml/2 EL Erdnussöl (Erdnussöl)

2,5 ml/½ TL Salz

450 g mageres Schweinefleisch, gewürfelt

15 ml/1 EL Sojasauce

375 ml/13 fl oz/1½ Tassen Hühnerbrühe

100 g Wasserkastanien, in Scheiben geschnitten

Die Champignons 30 Minuten in warmem Wasser einweichen und dann abtropfen lassen. Entsorgen Sie die Stiele und halbieren Sie die Kappen. Die Kastanien in kochendem Wasser 1 Minute blanchieren und dann abtropfen lassen. Öl und Salz erhitzen und das Schweinefleisch anbraten, bis es leicht gebräunt ist. Die Sojasauce dazugeben und 1 Minute unter Rühren braten. Brühe hinzufügen und aufkochen. Kastanien und Wasserkastanien zugeben, wieder aufkochen, zugedeckt ca. 1½ Stunden köcheln lassen, bis das Fleisch zart ist.

Für 4

100 g Bambussprossen, in Streifen geschnitten

100 g Wasserkastanien, in dünne Scheiben geschnitten

60 ml/4 EL Erdnussöl (Erdnussöl)

3 Frühlingszwiebeln (Frühlingszwiebeln), gehackt

2 Zehen Knoblauch, zerdrückt

1 Scheibe Ingwerwurzel, gehackt

225 g mageres Schweinefleisch, in Streifen geschnitten

45 ml/3 EL Sojasauce

15 ml/1 EL Reiswein oder trockener Sherry

5 ml/1 TL Salz

5 ml/1 TL Zucker

frisch gemahlener Pfeffer

15 ml/1 EL Speisestärke (Maisstärke)

Die Bambussprossen und Wasserkastanien in kochendem Wasser 2 Minuten blanchieren, dann abtropfen lassen und trocken tupfen. 45 ml/3 EL Öl erhitzen und Frühlingszwiebeln, Knoblauch und Ingwer leicht bräunen. Das Schweinefleisch dazugeben und 4 Minuten braten. Aus der Pfanne nehmen.

Restliches Öl erhitzen und das Gemüse 3 Minuten anbraten. Schweinefleisch, Sojasauce, Wein oder Sherry, Salz, Zucker und

eine Prise Pfeffer dazugeben und 4 Minuten unter Rühren braten.
Maizena mit etwas Wasser mischen, in die Pfanne rühren und
unter Rühren köcheln lassen, bis die Sauce klar und dickflüssig
wird.

Für 4

4 getrocknete chinesische Pilze

30 ml/2 EL Erdnussöl (Erdnussöl)

2,5 ml/½ TL Salz

4 Frühlingszwiebeln (Frühlingszwiebeln), gehackt

225 g mageres Schweinefleisch, in Streifen geschnitten

15 ml/1 EL Sojasauce

5 ml/1 TL Zucker

3 Stangen Sellerie, gehackt

1 Zwiebel, in Spalten geschnitten

100 g Champignons, halbiert

120 ml/4 fl oz/½ Tasse Hühnerbrühe

weich gebratene Nudeln

Die Champignons 30 Minuten in warmem Wasser einweichen und dann abtropfen lassen. Die Stiele wegwerfen und die Kappen in Scheiben schneiden. Öl und Salz erhitzen und die Frühlingszwiebeln anbraten, bis sie weich sind. Fügen Sie das Schweinefleisch hinzu und braten Sie es leicht an, bis es leicht gebräunt ist. Sojasauce, Zucker, Sellerie, Zwiebel und frische und getrocknete Champignons untermischen und ca. 4 Minuten unter Rühren braten, bis sich die Zutaten gut vermischt haben.

Brühe hinzufügen und 3 Minuten köcheln lassen. Gib die Hälfte der Nudeln in die Pfanne und rühre vorsichtig um, dann füge die restlichen Nudeln hinzu und rühre, bis sie heiß sind.

Für 4

100 g Bohnensprossen

45 ml/3 EL Erdnussöl (Erdnussöl)

100 g Chinakohl, zerkleinert

225 g Schweinebraten, in Scheiben

5 ml/1 TL Salz

15 ml/1 EL Reiswein oder trockener Sherry

Die Sojasprossen in kochendem Wasser 4 Minuten blanchieren und dann abtropfen lassen. Erhitzen Sie das Öl und braten Sie die Sojasprossen und den Kohl, bis sie gerade weich sind. Fügen Sie das Schweinefleisch, Salz und Sherry hinzu und braten Sie es, bis es heiß ist. Die Hälfte der abgetropften Nudeln in die Pfanne geben und vorsichtig umrühren, bis sie durchgewärmt sind. Fügen Sie die restlichen Nudeln hinzu und rühren Sie, bis sie erhitzt sind.

Für 4

5 ml/1 TL Fünf-Gewürze-Pulver

5 ml/1 TL Currypulver

450 g Schweinefleisch, in Streifen geschnitten

30 ml/2 EL Erdnussöl (Erdnussöl)

6 Frühlingszwiebeln (Frühlingszwiebeln), in Streifen geschnitten

1 Stange Sellerie, in Streifen geschnitten

100 g Bohnensprossen

1 x 200 g Glas chinesische süße Gurken, gewürfelt

45 ml/3 EL Mango-Chutney

30 ml/2 EL Sojasauce

30 ml/2 EL Tomatenmark (Paste)

150 ml/¼ pt/großzügige ½ Tasse Hühnerbrühe

10 ml/2 TL Speisestärke (Maisstärke)

Die Gewürze gut in das Schweinefleisch einreiben. Erhitzen Sie das Öl und braten Sie das Fleisch 8 Minuten lang oder bis es gar ist. Aus der Pfanne nehmen. Das Gemüse in die Pfanne geben und 5 Minuten braten. Das Schweinefleisch mit allen restlichen Zutaten außer der Maisstärke wieder in die Pfanne geben. Rühren, bis es durchgeheizt ist. Maizena mit etwas Wasser

mischen, in die Pfanne rühren und unter Rühren köcheln lassen,
bis die Sauce eindickt.

Für 4

225 g mageres Schweinefleisch, in Streifen geschnitten

30 ml/2 EL reines (Allzweck-)Mehl

Salz und frisch gemahlener Pfeffer

60 ml/4 EL Erdnussöl (Erdnussöl)

225 g Gurke, geschält und in Scheiben geschnitten

30 ml/2 EL Sojasauce

Das Schweinefleisch im Mehl wenden und mit Salz und Pfeffer würzen. Das Öl erhitzen und das Schweinefleisch etwa 5 Minuten braten, bis es gar ist. Gurke und Sojasauce zugeben und weitere 4 Minuten mitbraten. Überprüfen und justieren Sie die Würze und servieren Sie sie mit gebratenem Reis.

Knusprige Schweinepäckchen

Für 4

4 getrocknete chinesische Pilze

30 ml/2 EL Erdnussöl (Erdnussöl)

225 g Schweinefilet, gehackt (gemahlen)

50 g geschälte Garnelen, gehackt

15 ml/1 EL Sojasauce

15 ml/1 EL Speisestärke (Maisstärke)

30 ml/2 EL Wasser

8 Frühlingsrollenverpackungen

100 g/4 oz/1 Tasse Maisstärke (Maisstärke)

Öl zum Frittieren

Die Champignons 30 Minuten in warmem Wasser einweichen und dann abtropfen lassen. Die Stiele wegwerfen und die Kappen fein hacken. Öl erhitzen und Champignons, Schweinefleisch, Garnelen und Sojasauce 2 Minuten braten. Maizena und Wasser zu einer Paste verrühren und unter die Masse rühren, um die Füllung herzustellen.

Die Wraps in Streifen schneiden, jeweils etwas Füllung darauf geben und zu Dreiecken aufrollen, mit etwas Mehl-Wasser-Gemisch verschließen. Großzügig mit Speisestärke bestäuben. Öl

erhitzen und die Dreiecke frittieren, bis sie knusprig und
goldbraun sind. Vor dem Servieren gut abtropfen lassen.

Für 4

225 g mageres Schweinefleisch, zerkleinert

1 Scheibe Ingwerwurzel, gehackt

1 Frühlingszwiebel, gehackt

15 ml/1 EL Sojasauce

15 ml/1 EL Wasser

12 Frühlingsrollenhäute

1 Ei, geschlagen

Öl zum Frittieren

Schweinefleisch, Ingwer, Zwiebel, Sojasauce und Wasser vermischen. Jeweils etwas Füllung auf die Mitte jeder Haut geben und die Ränder mit geschlagenem Ei bestreichen. Falten Sie die Seiten ein und rollen Sie die Frühlingsrolle von sich weg und versiegeln Sie die Ränder mit Ei. Auf einem Rost in einem Dampfgarer 30 Minuten dämpfen, bis das Schweinefleisch gar ist. Öl erhitzen und einige Minuten frittieren, bis es knusprig und goldbraun ist.

Für 4

30 ml/2 EL Erdnussöl (Erdnussöl)

225 g mageres Schweinefleisch, zerkleinert

6 Frühlingszwiebeln (Frühlingszwiebeln), gehackt

225 g Bohnensprossen

100 g geschälte Garnelen, gehackt

15 ml/1 EL Sojasauce

2,5 ml/½ TL Salz

12 Frühlingsrollenhäute

1 Ei, geschlagen

Öl zum Frittieren

Das Öl erhitzen und das Schweinefleisch und die Frühlingszwiebeln anbraten, bis sie leicht gebräunt sind. In der Zwischenzeit die Sojasprossen in kochendem Wasser 2 Minuten blanchieren und dann abtropfen lassen. Die Sojasprossen in die Pfanne geben und 1 Minute mitbraten. Garnelen, Sojasauce und Salz dazugeben und 2 Minuten braten. Abkühlen lassen.

Auf die Mitte jeder Haut etwas Füllung geben und die Ränder mit geschlagenem Ei bestreichen. Die Seiten einklappen, dann die Frühlingsrollen aufrollen und die Ränder mit Ei versiegeln.

Öl erhitzen und die Frühlingsrollen frittieren, bis sie knusprig und goldbraun sind.

Für 4

450 g mageres Schweinefleisch

30 ml/2 EL Erdnussöl (Erdnussöl)

1 Zwiebel, gehackt

90 ml/6 EL Sojasauce

45 ml/3 EL Reiswein oder trockener Sherry

15 ml/1 EL brauner Zucker

3 hartgekochte (hartgekochte) Eier

Bringen Sie einen Topf mit Wasser zum Kochen, fügen Sie das Schweinefleisch hinzu, wieder aufkochen und kochen, bis es versiegelt ist. Aus der Pfanne nehmen, gut abtropfen lassen und dann in Würfel schneiden. Erhitzen Sie das Öl und braten Sie die Zwiebel, bis sie weich ist. Fügen Sie das Schweinefleisch hinzu und braten Sie es leicht an, bis es leicht gebräunt ist. Sojasauce, Wein oder Sherry und Zucker einrühren, zugedeckt 30 Minuten köcheln lassen, dabei gelegentlich umrühren. Die Außenseite der Eier leicht einritzen, dann in die Pfanne geben, abdecken und weitere 30 Minuten köcheln lassen.

Für 4

450 g Schweinefilet, in Streifen geschnitten

30 ml/2 EL Sojasauce

30 ml/2 EL Hoisinsauce

5 ml/1 TL Fünf-Gewürze-Pulver

15 ml/1 EL Pfeffer

15 ml/1 EL brauner Zucker

15 ml/1 EL Sesamöl

30 ml/2 EL Erdnussöl (Erdnussöl)

6 Frühlingszwiebeln (Frühlingszwiebeln), gehackt

1 grüne Paprika, in Stücke geschnitten

200 g Bohnensprossen

2 Scheiben Ananas, gewürfelt

45 ml/3 EL Tomatenketchup (Katsup)

150 ml/¼ pt/großzügige ½ Tasse Hühnerbrühe

Legen Sie das Fleisch in eine Schüssel. Sojasauce, Hoisinsauce, Fünf-Gewürze-Pulver, Pfeffer und Zucker mischen, über das Fleisch gießen und 1 Stunde marinieren lassen. Öle erhitzen und das Fleisch unter Rühren goldbraun braten. Aus der Pfanne nehmen. Das Gemüse dazugeben und 2 Minuten braten. Ananas,

Tomatenketchup und Brühe zugeben und aufkochen. Das Fleisch wieder in die Pfanne geben und vor dem Servieren erhitzen.

Frittiertes Schweinefilet

Für 4

350 g Schweinefilet, gewürfelt

15 ml/1 EL Reiswein oder trockener Sherry

15 ml/1 EL Sojasauce

5 ml/1 TL Sesamöl

30 ml/2 EL Speisestärke (Maisstärke)

Öl zum Frittieren

Schweinefleisch, Wein oder Sherry, Sojasauce, Sesamöl und Speisestärke vermischen, sodass das Schweinefleisch mit einem dicken Teig überzogen ist. Öl erhitzen und das Schweinefleisch ca. 3 Minuten knusprig frittieren. Das Schweinefleisch aus der Pfanne nehmen, das Öl wieder erhitzen und nochmals ca. 3 Minuten frittieren.

Für 4

225 g mageres Schweinefleisch

5 ml/1 TL Speisestärke (Maisstärke)

2,5 ml/½ TL Fünf-Gewürze-Pulver

2,5 ml/½ TL Salz

15 ml/1 EL Reiswein oder trockener Sherry

20 ml/2 EL Erdnussöl (Erdnussöl)

120 ml/4 fl oz/½ Tasse Hühnerbrühe

Das Schweinefleisch gegen die Faser in dünne Scheiben schneiden. Das Schweinefleisch mit Maisstärke, Fünf-Gewürze-Pulver, Salz und Wein oder Sherry mischen und gut umrühren, um das Schweinefleisch zu beschichten. 30 Minuten stehen lassen, dabei gelegentlich umrühren. Das Öl erhitzen, das Schweinefleisch dazugeben und etwa 3 Minuten braten. Brühe zugeben, aufkochen, zudecken und 3 Minuten köcheln lassen. Sofort servieren.

Geschmortes duftendes Schweinefleisch

Serviert 6–8

1 Stück Mandarinenschale

45 ml/3 EL Erdnussöl (Erdnussöl)

900 g mageres Schweinefleisch, gewürfelt

250 ml/8 fl oz/1 Tasse Reiswein oder trockener Sherry

120 ml/4 fl oz/½ Tasse Sojasauce

2,5 ml/½ TL Anispulver

½ Zimtstange

4 Nelken

5 ml/1 TL Salz

250 ml/8 fl oz/1 Tasse Wasser

2 Frühlingszwiebeln (Frühlingszwiebeln), in Scheiben geschnitten

1 Scheibe Ingwerwurzel, gehackt

Weichen Sie die Mandarinenschale in Wasser ein, während Sie das Gericht zubereiten. Das Öl erhitzen und das Schweinefleisch anbraten, bis es leicht gebräunt ist. Wein oder Sherry, Sojasauce, Anispulver, Zimt, Nelken, Salz und Wasser hinzufügen. Aufkochen, Mandarinenschale, Frühlingszwiebel und Ingwer dazugeben. Zugedeckt etwa 1½ Stunden köcheln lassen, bis sie weich sind, dabei gelegentlich umrühren und bei Bedarf etwas

kochendes Wasser hinzufügen. Entfernen Sie die Gewürze vor
dem Servieren.

Für 4

450 g Schweinebauch, enthäutet

3 Scheiben Ingwerwurzel

2 Frühlingszwiebeln (Frühlingszwiebeln), gehackt

30 ml/2 EL gehackter Knoblauch

30 ml/2 EL Sojasauce

5 ml/1 TL Salz

15 ml/1 EL Hühnerbrühe

2,5 ml/½ TL Chiliöl

4 Zweige Koriander

Das Schweinefleisch mit Ingwer und Frühlingszwiebeln in eine Pfanne geben, mit Wasser bedecken, aufkochen und 30 Minuten köcheln lassen, bis es gar ist. Herausnehmen und gut abtropfen lassen, dann in dünne Scheiben von etwa 5 cm² schneiden. Ordnen Sie die Scheiben in einem Metallsieb an. Bringen Sie einen Topf mit Wasser zum Kochen, fügen Sie die Schweinefleischscheiben hinzu und kochen Sie sie 3 Minuten lang, bis sie heiß sind. Auf einer vorgewärmten Servierplatte anrichten. Knoblauch, Sojasauce, Salz, Brühe und Chiliöl mischen und über das Schweinefleisch löffeln. Mit Koriander garniert servieren.

Für 4

225 g mageres Schweinefleisch

5 ml/1 TL Speisestärke (Maisstärke)

30 ml/2 EL Sojasauce

30 ml/2 EL Erdnussöl (Erdnussöl)

1 Scheibe Ingwerwurzel, gehackt

1 Frühlingszwiebel (Schalzwiebel), geschnitten

45 ml/3 EL Wasser

5 ml/1 TL brauner Zucker

Das Schweinefleisch gegen die Faser in dünne Scheiben schneiden. Maizena einrühren, dann mit Sojasauce bestreuen und erneut schwenken. Erhitzen Sie das Öl und braten Sie das Schweinefleisch 2 Minuten lang, bis es versiegelt ist. Ingwer und Frühlingszwiebeln dazugeben und 1 Minute mitbraten. Wasser und Zucker hinzufügen, abdecken und etwa 5 Minuten köcheln lassen, bis sie gar sind.

Für 4

450 g grüne Bohnen, in Stücke geschnitten

30 ml/2 EL Erdnussöl (Erdnussöl)

2,5 ml/½ TL Salz

1 Scheibe Ingwerwurzel, gehackt

225 g mageres Schweinefleisch, gehackt (gemahlen)

120 ml/4 fl oz/½ Tasse Hühnerbrühe

75 ml/5 EL Wasser

2 Eier

15 ml/1 EL Speisestärke (Maisstärke)

Die Bohnen etwa 2 Minuten kochen, dann abtropfen lassen. Öl erhitzen und Salz und Ingwer einige Sekunden anbraten. Fügen Sie das Schweinefleisch hinzu und braten Sie es leicht an, bis es leicht gebräunt ist. Die Bohnen dazugeben und 30 Sekunden braten, mit Öl bestreichen. Brühe einrühren, aufkochen, zudecken und 2 Minuten köcheln lassen. 30 ml/2 EL Wasser mit den Eiern verquirlen und in die Pfanne rühren. Restliches Wasser mit Maisstärke vermischen. Wenn die Eier zu setzen beginnen, die Maisstärke einrühren und kochen, bis die Mischung eindickt. Sofort servieren.

Schweinefleisch mit Schinken und Tofu

Für 4

4 getrocknete chinesische Pilze

5 ml/1 TL Erdnussöl (Erdnussöl)

100 g Räucherschinken, in Scheiben

225 g Tofu, in Scheiben geschnitten

225 g mageres Schweinefleisch, in Scheiben

15 ml/1 EL Reiswein oder trockener Sherry

Salz und frisch gemahlener Pfeffer

1 Scheibe Ingwerwurzel, gehackt

1 Frühlingszwiebel (Schalzwiebel), gehackt

10 ml/2 TL Speisestärke (Maisstärke)

30 ml/2 EL Wasser

Die Champignons 30 Minuten in warmem Wasser einweichen und dann abtropfen lassen. Entsorgen Sie die Stiele und halbieren Sie die Kappen. Reiben Sie eine hitzebeständige Schüssel mit dem Erdnuss-(Erdnuss-)Öl ein. Champignons, Schinken, Tofu und Schweinefleisch in Schichten in der Form anrichten, mit dem Schweinefleisch darauf. Mit Wein oder Sherry, Salz und Pfeffer, Ingwer und Frühlingszwiebeln bestreuen. Abdecken und auf einem Rost über kochendem Wasser etwa 45 Minuten dämpfen, bis sie gar sind. Lassen Sie die Soße aus der Schüssel ab, ohne die Zutaten zu stören. Fügen Sie genug Wasser hinzu, um 250 ml/8 fl oz/1 Tasse aufzufüllen. Speisestärke und Wasser vermischen und in die Sauce einrühren. In die Schüssel geben und unter Rühren köcheln lassen, bis die Sauce klar wird und eindickt. Die Schweinefleischmischung auf eine vorgewärmte Servierplatte stürzen, mit der Sauce übergießen und servieren.

Gebratene Schweinekebabs

Für 4

450 g Schweinefilet, in dünne Scheiben geschnitten

100 g gekochter Schinken, in dünne Scheiben geschnitten

6 Wasserkastanien, in dünne Scheiben geschnitten

30 ml/2 EL Sojasauce

30 ml/2 EL Weinessig

15 ml/1 EL brauner Zucker

15 ml/1 EL Austernsauce

ein paar Tropfen Chiliöl

45 ml/3 EL Speisestärke (Maisstärke)

30 ml/2 EL Reiswein oder trockener Sherry

2 Eier, geschlagen

Öl zum Frittieren

Schweine-, Schinken- und Wasserkastanien abwechselnd auf kleine Spieße stecken. Sojasauce, Weinessig, Zucker, Austernsauce und Chiliöl vermischen. Über die Kebabs gießen, abdecken und 3 Stunden im Kühlschrank marinieren lassen. Maisstärke, Wein oder Sherry und Eier zu einem glatten, dickflüssigen Teig verrühren. Drehen Sie die Kebabs im Teig, um sie zu beschichten. Öl erhitzen und die Kebabs goldbraun frittieren.

Für 4

1 große Schweinshaxe

1 l/1½ pts/4¼ Tassen kochendes Wasser

5 ml/1 TL Salz

120 ml/4 fl oz/½ Tasse Weinessig

120 ml/4 fl oz/½ Tasse Sojasauce

45 ml/3 EL Honig

5 ml/1 TL Wacholderbeeren

5 ml/1 TL Anis

5 ml/1 TL Koriander

60 ml/4 EL Erdnussöl (Erdnussöl)

6 Frühlingszwiebeln (Frühlingszwiebeln), geschnitten

2 Karotten, in dünne Scheiben geschnitten

1 Stange Sellerie, in Scheiben geschnitten

45 ml/3 EL Hoisinsauce

30 ml/2 EL Mango-Chutney

75 ml/5 EL Tomatenmark (Paste)

1 Knoblauchzehe, zerdrückt

60 ml/4 EL gehackter Schnittlauch

Die Schweinshaxe mit Wasser, Salz, Weinessig, 45 ml/3 EL Sojasauce, Honig und Gewürzen aufkochen. Das Gemüse

dazugeben, wieder aufkochen, zugedeckt ca. 1½ Stunden köcheln
lassen, bis das Fleisch zart ist. Fleisch und Gemüse aus der
Pfanne nehmen, das Fleisch vom Knochen schneiden und
würfeln. Öl erhitzen und das Fleisch goldbraun braten. Das
Gemüse dazugeben und 5 Minuten mitbraten. Restliche
Sojasauce, Hoisinsauce, Chutney, Tomatenmark und Knoblauch
dazugeben. Unter Rühren aufkochen, dann 3 Minuten köcheln
lassen. Mit Schnittlauch bestreut servieren.

Für 4

450 g mageres Schweinefleisch

1 Scheibe Ingwerwurzel, gehackt

1 Knoblauchzehe, zerdrückt

90 ml/6 EL Sojasauce

15 ml/1 EL Reiswein oder trockener Sherry

45 ml/3 EL Erdnussöl (Erdnussöl)

1 Frühlingszwiebel (Schalzwiebel), geschnitten

15 ml/1 EL brauner Zucker

frisch gemahlener Pfeffer

Das Schweinefleisch mit Ingwer, Knoblauch, 30 ml/2 EL Sojasauce und Wein oder Sherry mischen. 30 Minuten ruhen lassen, dabei gelegentlich umrühren, dann das Fleisch aus der Marinade nehmen. Das Öl erhitzen und das Schweinefleisch anbraten, bis es leicht gebräunt ist. Frühlingszwiebel, Zucker, restliche Sojasauce und eine Prise Pfeffer dazugeben, zugedeckt ca. 45 Minuten köcheln lassen, bis das Schweinefleisch gar ist. Das Schweinefleisch in Würfel schneiden und dann servieren.

Marinierte Schweinekoteletts

Für 6

6 Schweinekoteletts

1 Scheibe Ingwerwurzel, gehackt

1 Knoblauchzehe, zerdrückt

90 ml/6 EL Sojasauce

30 ml/2 EL Reiswein oder trockener Sherry

45 ml/3 EL Erdnussöl (Erdnussöl)

2 Frühlingszwiebeln (Frühlingszwiebeln), gehackt

15 ml/1 EL brauner Zucker

frisch gemahlener Pfeffer

Von den Schweinekoteletts den Knochen abschneiden und das Fleisch in Würfel schneiden. Ingwer, Knoblauch, 30 ml/2 EL Sojasauce und Wein oder Sherry mischen, über das Schweinefleisch gießen und unter gelegentlichem Rühren 30 Minuten marinieren lassen. Das Fleisch aus der Marinade nehmen. Das Öl erhitzen und das Schweinefleisch anbraten, bis es leicht gebräunt ist. Frühlingszwiebeln dazugeben und 1 Minute mitbraten. Restliche Sojasauce mit Zucker und einer Prise Pfeffer mischen. In die Sauce einrühren, aufkochen, zudecken und ca. 30 Minuten köcheln lassen, bis das Schweinefleisch zart ist.

Für 4

25 g getrocknete chinesische Pilze

30 ml/2 EL Erdnussöl (Erdnussöl)

1 Knoblauchzehe, gehackt

225 g mageres Schweinefleisch, in Streifen geschnitten

4 Frühlingszwiebeln (Frühlingszwiebeln), gehackt

15 ml/1 EL Sojasauce

15 ml/1 EL Reiswein oder trockener Sherry

5 ml/1 TL Sesamöl

Die Champignons 30 Minuten in warmem Wasser einweichen und dann abtropfen lassen. Die Stiele wegwerfen und die Kappen in Scheiben schneiden. Das Öl erhitzen und den Knoblauch anbraten, bis er leicht gebräunt ist. Fügen Sie das Schweinefleisch hinzu und braten Sie es an, bis es braun ist. Frühlingszwiebeln, Champignons, Sojasauce und Wein oder Sherry unterrühren und 3 Minuten mitbraten. Sesamöl einrühren und sofort servieren.

Für 4

450 g Schweinehackfleisch (

4 Wasserkastanien, fein gehackt

225 g Champignons, fein gehackt

5 ml/1 TL Sojasauce

Salz und frisch gemahlener Pfeffer

1 Ei, leicht geschlagen

Alle Zutaten gut miteinander vermischen und die Masse auf einer ofenfesten Platte zu einem flachen Kuchen formen. Den Teller auf einen Rost in einen Dampfgarer stellen, abdecken und 1½ Stunden dämpfen.

Für 4

450 g mageres Schweinefleisch, gewürfelt

250 ml/8 fl oz/1 Tasse Wasser

15 ml/1 EL Sojasauce

15 ml/1 EL Reiswein oder trockener Sherry

5 ml/1 TL Zucker

5 ml/1 TL Salz

225 g Champignons

Schweinefleisch und Wasser in einen Topf geben und das Wasser zum Kochen bringen. Zugedeckt 30 Minuten köcheln lassen, dann abgießen, dabei die Brühe auffangen. Das Schweinefleisch wieder in die Pfanne geben und die Sojasauce hinzufügen. Bei schwacher Hitze unter Rühren köcheln lassen, bis die Sojasauce absorbiert ist. Wein oder Sherry, Zucker und Salz einrühren. Mit der reservierten Brühe aufgießen, aufkochen, zugedeckt ca. 30 Minuten köcheln lassen, dabei das Fleisch gelegentlich wenden. Champignons zugeben und weitere 20 Minuten köcheln lassen.

Für 4

30 ml/2 EL Erdnussöl (Erdnussöl)

5 ml/2 TL Salz

225 g mageres Schweinefleisch, in Streifen geschnitten

225 g Chinakohl, zerkleinert

100 g Bambussprossen, zerkleinert

100 g Champignons, in dünne Scheiben geschnitten

150 ml/¼ pt/großzügige ½ Tasse Hühnerbrühe

10 ml/2 TL Speisestärke (Maisstärke)

15 ml/1 EL Reiswein oder trockener Sherry

15 ml/1 EL Wasser

Nudelpfannkuchen

Das Öl erhitzen und das Salz und das Schweinefleisch anbraten, bis es eine leichte Farbe hat. Kohl, Bambussprossen und Champignons dazugeben und 1 Minute mitbraten. Brühe hinzufügen, aufkochen, abdecken und 4 Minuten köcheln lassen, bis das Schweinefleisch gar ist. Maizena mit Wein oder Sherry und Wasser zu einer Paste verrühren, in die Pfanne rühren und unter Rühren köcheln lassen, bis die Sauce klar und dickflüssig wird. Zum Servieren über den Nudelpfannkuchen gießen.

Für 4

30 ml/2 EL Erdnussöl (Erdnussöl)

5 ml/1 TL Salz

4 Frühlingszwiebeln (Frühlingszwiebeln), gehackt

1 Knoblauchzehe, zerdrückt

225 g mageres Schweinefleisch, in Streifen geschnitten

100 g Champignons, in Scheiben geschnitten

4 Stangen Sellerie, in Scheiben geschnitten

225 g geschälte Garnelen

30 ml/2 EL Sojasauce

10 ml/1 TL Speisestärke (Maisstärke)

45 ml/3 EL Wasser

Nudelpfannkuchen

Öl und Salz erhitzen und Frühlingszwiebeln und Knoblauch anbraten, bis sie weich sind. Fügen Sie das Schweinefleisch hinzu und braten Sie es leicht an, bis es leicht gebräunt ist. Champignons und Sellerie dazugeben und 2 Minuten mitbraten. Die Garnelen dazugeben, mit Sojasauce bestreuen und rühren, bis sie heiß sind. Speisestärke und Wasser zu einer Paste verrühren, in die Pfanne rühren und unter Rühren köcheln lassen,

bis sie heiß ist. Zum Servieren über den Nudelpfannkuchen
gießen.

Für 4–6

450 g mageres Schweinefleisch

15 ml/1 EL Speisestärke (Maisstärke)

10 ml/2 TL Reiswein oder trockener Sherry

eine Prise Zucker

45 ml/3 EL Erdnussöl (Erdnussöl)

10 ml/2 TL Wasser

30 ml/2 EL Austernsauce

frisch gemahlener Pfeffer

1 Scheibe Ingwerwurzel, gehackt

60 ml/4 EL Hühnerbrühe

Das Schweinefleisch gegen die Faser in dünne Scheiben schneiden. 5 ml / 1 TL Speisestärke mit Wein oder Sherry, Zucker und 5 ml / 1 TL Öl mischen, zum Schweinefleisch geben und gut umrühren. Restliche Maisstärke mit Wasser, Austernsauce und einer Prise Pfeffer vermischen. Restliches Öl erhitzen und Ingwer 1 Minute anbraten. Fügen Sie das Schweinefleisch hinzu und braten Sie es leicht an, bis es leicht gebräunt ist. Brühe und Wasser-Austernsaucen-Mischung zugeben, aufkochen, zudecken und 3 Minuten köcheln lassen.

Für 4

450 g mageres Schweinefleisch, gewürfelt

15 ml/1 EL Speisestärke (Maisstärke)

5 ml/1 TL Salz

1 Eiweiß

3 Frühlingszwiebeln (Frühlingszwiebeln), gehackt

1 Knoblauchzehe, gehackt

1 Scheibe Ingwerwurzel, gehackt

45 ml/3 EL Hühnerbrühe

15 ml/1 EL Reiswein oder trockener Sherry

15 ml/1 EL Sojasauce

10 ml/2 TL schwarzer Sirup

45 ml/3 EL Erdnussöl (Erdnussöl)

½ Gurke, gewürfelt

25 g geschälte Erdnüsse

5 ml/1 TL Chiliöl

Das Schweinefleisch mit der Hälfte der Maisstärke, dem Salz und dem Eiweiß mischen und gut umrühren, um das Schweinefleisch zu beschichten. Restliche Maisstärke mit Frühlingszwiebeln, Knoblauch, Ingwer, Brühe, Wein oder Sherry, Sojasauce und Sirup vermischen. Erhitzen Sie das Öl und braten Sie das Schweinefleisch, bis es leicht gebräunt ist, dann nehmen Sie es aus der Pfanne. Gurke in die Pfanne geben und einige Minuten mitbraten. Das Schweinefleisch wieder in die Pfanne geben und leicht umrühren. Gewürzmischung einrühren, aufkochen und unter Rühren köcheln lassen, bis die Sauce klar wird und eindickt. Erdnüsse und Chiliöl einrühren und vor dem Servieren erhitzen.

Für 4

45 ml/3 EL Erdnussöl (Erdnussöl)

225 g mageres Schweinefleisch, gewürfelt

1 Zwiebel, gewürfelt

2 grüne Paprika, gewürfelt

½ Kopf Chinablätter, gewürfelt

1 Scheibe Ingwerwurzel, gehackt

15 ml/1 EL Sojasauce

15 ml/1 EL Zucker

2,5 ml/½ TL Salz

Das Öl erhitzen und das Schweinefleisch etwa 4 Minuten goldbraun braten. Fügen Sie die Zwiebel hinzu und braten Sie sie etwa 1 Minute lang an. Paprika dazugeben und 1 Minute mitbraten. Die chinesischen Blätter dazugeben und 1 Minute unter Rühren braten. Restliche Zutaten vermischen, in die Pfanne rühren und weitere 2 Minuten unter Rühren braten.

Würziges Schweinefleisch mit Gurken

Für 4

900 g Schweinekoteletts

30 ml/2 EL Speisestärke (Maisstärke)

45 ml/3 EL Sojasauce

30 ml/2 EL süßer Sherry

5 ml/1 TL geriebene Ingwerwurzel

2,5 ml/½ TL Fünf-Gewürze-Pulver

Prise frisch gemahlener Pfeffer

Öl zum Frittieren

60 ml/4 EL Hühnerbrühe

Chinesisches eingelegtes Gemüse

Schneide die Koteletts ab und entferne alles Fett und Knochen. Maisstärke, 30 ml/2 EL Sojasauce, Sherry, Ingwer, Fünf-Gewürze-Pulver und Pfeffer mischen. Über das Schweinefleisch gießen und umrühren, bis es vollständig bedeckt ist. Zugedeckt 2 Stunden marinieren lassen, dabei gelegentlich wenden. Das Öl erhitzen und das Schweinefleisch frittieren, bis es goldbraun und durchgegart ist. Auf Küchenpapier abtropfen lassen. Das Schweinefleisch in dicke Scheiben schneiden, in eine vorgewärmte Servierschüssel geben und warm halten. Brühe und restliche Sojasauce in einem kleinen Topf vermischen.

Aufkochen und über das geschnittene Schweinefleisch gießen.

Mit gemischten Gurken garniert servieren.

Für 4

450 g Schweineschmorbraten, gewürfelt

2 Zehen Knoblauch, zerdrückt

Salz-

60 ml/4 EL Tomatenketchup (Katsup)

30 ml/2 EL Sojasauce

45 ml/3 EL Pflaumensauce

5 ml/1 TL Currypulver

5 ml/1 TL Paprika

2,5 ml/½ TL frisch gemahlener Pfeffer

45 ml/3 EL Erdnussöl (Erdnussöl)

6 Frühlingszwiebeln (Frühlingszwiebeln), in Streifen geschnitten

4 Karotten, in Streifen geschnitten

Das Fleisch mit Knoblauch, Salz, Tomatenketchup, Sojasauce, Pflaumensauce, Currypulver, Paprika und Pfeffer 30 Minuten marinieren. Öl erhitzen und das Fleisch anbraten, bis es leicht gebräunt ist. Aus dem Wok nehmen. Das Gemüse in das Öl geben und anbraten, bis es gerade zart ist. Das Fleisch wieder in die Pfanne geben und vor dem Servieren leicht erhitzen.

Serviert 6–8

900 g mageres Schweinefleisch

30 ml/2 EL Erdnussöl (Erdnussöl)

1 Zwiebel, in Scheiben geschnitten

1 Frühlingszwiebel (Schalzwiebel), gehackt

2 Zehen Knoblauch, zerdrückt

30 ml/2 EL Sojasauce

50 g geschälte Garnelen, gehackt

(Boden)

600 ml/1 pt/2½ Tassen kochendes Wasser

15 ml/1 EL Zucker

Einen Topf mit Wasser zum Kochen bringen, das
Schweinefleisch hinzufügen, abdecken und 10 Minuten köcheln
lassen. Aus der Pfanne nehmen und gut abtropfen lassen, dann in
Würfel schneiden. Öl erhitzen und Zwiebel, Frühlingszwiebel
und Knoblauch anbraten, bis sie leicht gebräunt sind. Das
Schweinefleisch hinzufügen und braten, bis es leicht gebräunt ist.
Sojasauce und Garnelen dazugeben und 1 Minute mitbraten. Das
kochende Wasser und den Zucker dazugeben, zugedeckt etwa 40
Minuten köcheln lassen, bis das Schweinefleisch zart ist.

Für 4

675 g mageres Schweinefleisch, gewürfelt

250 ml/8 fl oz/1 Tasse Wasser

1 Scheibe Ingwerwurzel, zerdrückt

60 ml/4 EL Sojasauce

15 ml/1 EL Reiswein oder trockener Sherry

5 ml/1 TL Salz

10 ml/2 TL brauner Zucker

Schweinefleisch und Wasser in einen Topf geben und das Wasser zum Kochen bringen. Ingwer, Sojasauce, Sherry und Salz dazugeben, zugedeckt 45 Minuten köcheln lassen. Zucker dazugeben, Fleisch wenden, zugedeckt weitere 45 Minuten köcheln lassen, bis das Schweinefleisch zart ist.

Für 4

30 ml/2 EL Erdnussöl (Erdnussöl)

225 g Schweinenieren, in Streifen geschnitten

450 g Schweinefleisch, in Streifen geschnitten

1 Zwiebel, in Scheiben geschnitten

4 Frühlingszwiebeln (Frühlingszwiebeln), in Streifen geschnitten

2 Karotten, in Streifen geschnitten

1 Stange Sellerie, in Streifen geschnitten

1 rote Paprika, in Streifen geschnitten

45 ml/3 EL Sojasauce

45 ml/3 EL trockener Weißwein

300 ml/½ pt/1¼ Tassen Hühnerbrühe

30 ml/2 EL Pflaumensauce

30 ml/2 EL Weinessig

5 ml/1 TL Fünf-Gewürze-Pulver

5 ml/1 TL brauner Zucker

15 ml/1 EL Speisestärke (Maisstärke)

15 ml/1 EL Wasser

Das Öl erhitzen und die Nieren 2 Minuten braten, dann aus der Pfanne nehmen. Erhitzen Sie das Öl und braten Sie das Schweinefleisch, bis es leicht gebräunt ist. Das Gemüse dazugeben und 3 Minuten mitbraten. Sojasauce, Wein, Brühe, Pflaumensauce, Weinessig, Fünf-Gewürze-Pulver und Zucker dazugeben, aufkochen, zugedeckt 30 Minuten köcheln lassen, bis sie gar sind. Fügen Sie die Nieren hinzu. Maisstärke und Wasser vermischen und in die Pfanne rühren. Aufkochen, dann unter Rühren köcheln lassen, bis die Sauce eindickt.

Schweinefleisch mit Reisnudeln

Für 4

4 getrocknete chinesische Pilze

100 g Reisnudeln

225 g mageres Schweinefleisch, in Streifen geschnitten

15 ml/1 EL Speisestärke (Maisstärke)

15 ml/1 EL Sojasauce

15 ml/1 EL Reiswein oder trockener Sherry

45 ml/3 EL Erdnussöl (Erdnussöl)

2,5 ml/½ TL Salz

1 Scheibe Ingwerwurzel, gehackt

2 Stangen Sellerie, gehackt

120 ml/4 fl oz/½ Tasse Hühnerbrühe

2 Frühlingszwiebeln (Frühlingszwiebeln), in Scheiben geschnitten

Die Champignons 30 Minuten in warmem Wasser einweichen und dann abtropfen lassen. Entsorgen Sie und Stiele und schneiden Sie die Kappen. Die Nudeln 30 Minuten in warmem Wasser einweichen, dann abtropfen lassen und in 5 cm/2 Stücke schneiden. Legen Sie das Schweinefleisch in eine Schüssel. Maisstärke, Sojasauce und Wein oder Sherry mischen, über das Schweinefleisch gießen und zum Bestreichen werfen. Öl erhitzen und Salz und Ingwer einige Sekunden anbraten. Fügen Sie das Schweinefleisch hinzu und braten Sie es leicht an, bis es leicht gebräunt ist. Champignons und Sellerie dazugeben und 1 Minute mitbraten. Brühe zugeben, aufkochen, zudecken und 2 Minuten köcheln lassen. Nudeln zugeben und 2 Minuten erhitzen. Frühlingszwiebeln unterrühren und sofort servieren.

Für 4

450 g Schweinehackfleisch (

100 g Tofu, püriert

4 Wasserkastanien, fein gehackt

Salz und frisch gemahlener Pfeffer

120 ml/4 fl oz/½ Tasse Erdnussöl (Erdnussöl)

1 Scheibe Ingwerwurzel, gehackt

600 ml/1 pt/2½ Tassen Hühnerbrühe

15 ml/1 EL Sojasauce

5 ml/1 TL brauner Zucker

5 ml/1 TL Reiswein oder trockener Sherry

Schweinefleisch, Tofu und Kastanien mischen und mit Salz und Pfeffer würzen. Zu großen Kugeln formen. Öl erhitzen und die Schweinebällchen von allen Seiten goldbraun braten, dann aus der Pfanne nehmen. Das Öl bis auf 15 ml/1 EL abgießen und Ingwer, Brühe, Sojasauce, Zucker und Wein oder Sherry hinzufügen. Die Schweinebällchen wieder in die Pfanne geben, aufkochen und 20 Minuten leicht köcheln lassen, bis sie gar sind.

Für 4

4 Schweinekoteletts

75 ml/5 EL Sojasauce

Öl zum Frittieren

100 g Selleriestangen

3 Frühlingszwiebeln (Frühlingszwiebeln), gehackt

1 Scheibe Ingwerwurzel, gehackt

15 ml/1 EL Reiswein oder trockener Sherry

120 ml/4 fl oz/½ Tasse Hühnerbrühe

Salz und frisch gemahlener Pfeffer

5 ml/1 TL Sesamöl

Tauchen Sie die Schweinekoteletts in die Sojasauce, bis sie gut bedeckt sind. Öl erhitzen und die Koteletts goldbraun frittieren. Herausnehmen und gut abtropfen lassen. Den Sellerie auf dem Boden einer flachen ofenfesten Form anrichten. Mit Frühlingszwiebeln und Ingwer bestreuen und die Schweinekoteletts darauf anrichten. Wein oder Sherry und Brühe darübergießen und mit Salz und Pfeffer würzen. Mit Sesamöl bestreuen. Im vorgeheizten Backofen bei 200°C/400°C/Gasstufe 6 15 Minuten rösten.

Gewürztes Schweinefleisch

Für 4

1 Gurke, gewürfelt

Salz-

450 g mageres Schweinefleisch, gewürfelt

5 ml/1 TL Salz

45 ml/3 EL Sojasauce

30 ml/2 EL Reiswein oder trockener Sherry

30 ml/2 EL Speisestärke (Maisstärke)

15 ml/1 EL brauner Zucker

60 ml/4 EL Erdnussöl (Erdnussöl)

1 Scheibe Ingwerwurzel, gehackt

1 Knoblauchzehe, gehackt

1 rote Chilischote, entkernt und gehackt

60 ml/4 EL Hühnerbrühe

Die Gurke mit Salz bestreuen und zur Seite stellen. Schweinefleisch, Salz, 15 ml / 1 EL Sojasauce, 15 ml / 1 EL Wein oder Sherry, 15 ml / 1 EL Speisestärke, den braunen Zucker und 15 ml / 1 EL Öl vermischen. 30 Minuten ruhen lassen, dann das Fleisch aus der Marinade nehmen. Restliches Öl erhitzen und das Schweinefleisch braten, bis es leicht gebräunt ist. Ingwer, Knoblauch und Chili dazugeben und 2 Minuten mitbraten. Gurke zugeben und 2 Minuten mitbraten. Brühe und restliche Sojasauce, Wein oder Sherry und Maisstärke unter die Marinade mischen. Diese in die Pfanne einrühren und unter Rühren aufkochen. Unter Rühren köcheln lassen, bis die Sauce klar wird und eindickt und weiter köcheln lassen, bis das Fleisch gar ist.

Für 4

225 g mageres Schweinefleisch, in Scheiben

2 Eiweiß

15 ml/1 EL Speisestärke (Maisstärke)

45 ml/3 EL Erdnussöl (Erdnussöl)

50 g Bambussprossen, in Scheiben geschnitten

6 Frühlingszwiebeln (Frühlingszwiebeln), gehackt

2,5 ml/½ TL Salz

15 ml/1 EL Reiswein oder trockener Sherry

150 ml/¼ pt/großzügige ½ Tasse Hühnerbrühe

Das Schweinefleisch mit Eiweiß und Maisstärke vermengen, bis es gut bedeckt ist. Erhitzen Sie das Öl und braten Sie das Schweinefleisch, bis es leicht gebräunt ist, dann nehmen Sie es aus der Pfanne. Bambussprossen und Frühlingszwiebeln dazugeben und 2 Minuten mitbraten. Das Schweinefleisch mit Salz, Wein oder Sherry und Hühnerbrühe wieder in die Pfanne geben. Aufkochen und köcheln lassen, dabei 4 Minuten rühren, bis das Schweinefleisch gar ist.

Für 4

225 g mageres Schweinefleisch

2 Karotten, in Streifen geschnitten

225 g Spinat

45 ml/3 EL Erdnussöl (Erdnussöl)

1 Frühlingszwiebel (Schalzwiebel), fein gehackt

15 ml/1 EL Sojasauce

2,5 ml/½ TL Salz

10 ml/2 TL Speisestärke (Maisstärke)

30 ml/2 EL Wasser

Das Schweinefleisch dünn gegen die Faser aufschneiden und dann in Streifen schneiden. Die Karotten etwa 3 Minuten vorkochen und dann abtropfen lassen. Die Spinatblätter halbieren. Öl erhitzen und die Frühlingszwiebeln glasig braten. Fügen Sie das Schweinefleisch hinzu und braten Sie es leicht an, bis es leicht gebräunt ist. Karotten und Sojasauce dazugeben und 1 Minute braten. Salz und Spinat dazugeben und etwa 30 Sekunden unter Rühren braten, bis er weich wird. Maizena und Wasser zu einer Paste verrühren, in die Sauce einrühren und unter Rühren braten, bis sie klar ist, dann sofort servieren.

Gedämpftes Schweinefleisch

Für 4

450 g mageres Schweinefleisch, gewürfelt
120 ml/4 fl oz/½ Tasse Sojasauce
120 ml/4 fl oz/½ Tasse Reiswein oder trockener Sherry
15 ml/1 EL brauner Zucker

Alle Zutaten vermischen und in eine hitzebeständige Schüssel geben. Auf einem Rost über kochendem Wasser etwa 1½ Stunden dämpfen, bis sie gar sind.

Für 4

25 g getrocknete chinesische Pilze

15 ml/1 EL Erdnussöl (Erdnussöl)

450 g mageres Schweinefleisch, in Scheiben geschnitten

1 grüne Paprika, gewürfelt

15 ml/1 EL Sojasauce

15 ml/1 EL Reiswein oder trockener Sherry

5 ml/1 TL Salz

5 ml/1 TL Sesamöl

Die Champignons 30 Minuten in warmem Wasser einweichen und dann abtropfen lassen. Die Stiele wegwerfen und die Kappen in Scheiben schneiden. Erhitzen Sie das Öl und braten Sie das Schweinefleisch an, bis es leicht gebräunt ist. Paprika dazugeben und 1 Minute mitbraten. Champignons, Sojasauce, Wein oder Sherry und Salz dazugeben und einige Minuten unter Rühren braten, bis das Fleisch gar ist. Vor dem Servieren das Sesamöl einrühren.

Für 4

Öl zum Frittieren

2 große Süßkartoffeln, in Scheiben geschnitten

30 ml/2 EL Erdnussöl (Erdnussöl)

1 Scheibe Ingwerwurzel, in Scheiben geschnitten

1 Zwiebel, in Scheiben geschnitten

450 g mageres Schweinefleisch, gewürfelt

15 ml/1 EL Sojasauce

2,5 ml/½ TL Salz

frisch gemahlener Pfeffer

250 ml / 1 Tasse Hühnerbrühe

30 ml/2 EL Currypulver

Öl erhitzen und die Süßkartoffeln goldbraun frittieren. Aus der Pfanne nehmen und gut abtropfen lassen. Erdnussöl (Erdnussöl) erhitzen und Ingwer und Zwiebel anbraten, bis sie leicht gebräunt sind. Fügen Sie das Schweinefleisch hinzu und braten Sie es leicht an, bis es leicht gebräunt ist. Sojasauce, Salz und eine Prise Pfeffer dazugeben, Brühe und Currypulver einrühren, aufkochen und unter Rühren 1 Minute köcheln lassen. Die Bratkartoffeln dazugeben, zudecken und 30 Minuten köcheln lassen, bis das Schweinefleisch gar ist.

Schweinefleisch süß-sauer

Für 4

450 g mageres Schweinefleisch, gewürfelt

15 ml/1 EL Reiswein oder trockener Sherry

15 ml/1 EL Erdnussöl (Erdnussöl)

5 ml/1 TL Currypulver

1 Ei, geschlagen

Salz-

100 g Speisestärke (Maisstärke)

Öl zum Frittieren

1 Knoblauchzehe, zerdrückt

75 g/½ Tasse Zucker

50 g Tomatenketchup (Katsup)

5 ml/1 TL Weinessig

5 ml/1 TL Sesamöl

Das Schweinefleisch mit Wein oder Sherry, Öl, Currypulver, Ei und etwas Salz mischen. Die Maisstärke untermischen, bis das Schweinefleisch mit dem Teig bedeckt ist. Erhitzen Sie das Öl bis zum Rauchen und fügen Sie dann die Schweinewürfel ein paar Mal hinzu. 3 Minuten braten, dann abtropfen lassen und beiseite stellen. Erhitzen Sie das Öl und braten Sie die Würfel erneut für etwa 2 Minuten. Herausnehmen und abtropfen lassen.

Knoblauch, Zucker, Tomatenketchup und Weinessig unter Rühren erhitzen, bis sich der Zucker aufgelöst hat. Aufkochen lassen, dann die Schweinewürfel dazugeben und gut umrühren. Sesamöl einrühren und servieren.

Für 4

30 ml/2 EL Erdnussöl (Erdnussöl)

450 g mageres Schweinefleisch, gewürfelt

3 Frühlingszwiebeln (Frühlingszwiebeln), in Scheiben geschnitten

2 Zehen Knoblauch, zerdrückt

1 Scheibe Ingwerwurzel, gehackt

250 ml/8 fl oz/1 Tasse Sojasauce

30 ml/2 EL Reiswein oder trockener Sherry

30 ml/2 EL brauner Zucker

5 ml/1 TL Salz

600 ml/1 pt/2½ Tassen Wasser

Öl erhitzen und das Schweinefleisch goldbraun braten. Überschüssiges Öl abgießen, Frühlingszwiebeln, Knoblauch und Ingwer dazugeben und 2 Minuten braten. Sojasauce, Wein oder Sherry, Zucker und Salz dazugeben und gut verrühren. Wasser hinzufügen, aufkochen, zudecken und 1 Stunde köcheln lassen.

Für 4

450 g mageres Schweinefleisch

45 ml/3 EL Erdnussöl (Erdnussöl)

1 Zwiebel, in Scheiben geschnitten

1 Knoblauchzehe, zerdrückt

225 g Tofu, gewürfelt

375 ml/13 fl oz/1½ Tassen Hühnerbrühe

15 ml/1 EL brauner Zucker

60 ml/4 EL Sojasauce

2,5 ml/½ TL Salz

Das Schweinefleisch in einen Topf geben und mit Wasser bedecken. Aufkochen und dann 5 Minuten köcheln lassen. Abgießen und abkühlen lassen, dann in Würfel schneiden.

Öl erhitzen und Zwiebel und Knoblauch anbraten, bis sie leicht gebräunt sind. Das Schweinefleisch hinzufügen und braten, bis es leicht gebräunt ist. Fügen Sie den Tofu hinzu und rühren Sie vorsichtig um, bis er mit Öl bedeckt ist. Brühe, Zucker, Sojasauce und Salz zugeben, aufkochen, zugedeckt ca. 40 Minuten köcheln lassen, bis das Schweinefleisch zart ist.

Für 4

225 g Schweinefilet, gewürfelt

1 Eiweiß

30 ml/2 EL Reiswein oder trockener Sherry

Salz-

225 g Speisestärke (Maisstärke)

Öl zum Frittieren

Das Schweinefleisch mit Eiweiß, Wein oder Sherry und etwas Salz mischen. Nach und nach so viel Maisstärke einarbeiten, dass ein dicker Teig entsteht. Erhitzen Sie das Öl und braten Sie das Schweinefleisch, bis es außen goldbraun und knusprig und innen zart ist.

Zweimal gekochtes Schweinefleisch

Für 4

225 g mageres Schweinefleisch

45 ml/3 EL Erdnussöl (Erdnussöl)

2 grüne Paprika, in Stücke geschnitten

2 Knoblauchzehen, gehackt

2 Frühlingszwiebeln (Frühlingszwiebeln), in Scheiben

geschnitten

15 ml/1 EL scharfe Bohnensauce

15 ml/1 EL Hühnerbrühe

5 ml/1 TL Zucker

Das Schweinefleisch in eine Pfanne geben, mit Wasser bedecken, aufkochen und 20 Minuten köcheln lassen, bis es gar ist. Herausnehmen und abtropfen lassen, dann abkühlen lassen. dünn aufschneiden.

Erhitzen Sie das Öl und braten Sie das Schweinefleisch an, bis es leicht gebräunt ist. Paprika, Knoblauch und Frühlingszwiebeln zugeben und 2 Minuten mitbraten. Aus der Pfanne nehmen. Bohnensauce, Brühe und Zucker in die Pfanne geben und unter Rühren 2 Minuten köcheln lassen. Geben Sie das Schweinefleisch und die Paprika zurück und braten Sie es, bis es durchgeheizt ist. Sofort servieren.

Für 4

2 Zehen Knoblauch, zerdrückt

5 ml/1 TL Salz

2,5 ml/½ TL frisch gemahlener Pfeffer

30 ml/2 EL Erdnussöl (Erdnussöl)

30 ml/2 EL Sojasauce

225 g Brokkoliröschen

200 g Blumenkohlröschen

1 rote Paprika, gewürfelt

1 Zwiebel, gehackt

2 Orangen, geschält und gewürfelt

1 Stück Ingwerstiel, gehackt

30 ml/2 EL Speisestärke (Maisstärke)

300 ml/½ pt/1¼ Tassen Wasser

20 ml/2 EL Weinessig

15 ml/1 EL Honig

Prise gemahlener Ingwer

2,5 ml/½ TL Kreuzkümmel

Knoblauch, Salz und Pfeffer in das Fleisch zerdrücken. Erhitzen Sie das Öl und braten Sie das Fleisch an, bis es leicht gebräunt ist. Aus der Pfanne nehmen. Sojasauce und Gemüse in die

Pfanne geben und unter Rühren anbraten, bis sie weich, aber noch knusprig sind. Orangen und Ingwer dazugeben. Speisestärke und Wasser mischen und mit Weinessig, Honig, Ingwer und Kreuzkümmel in die Pfanne rühren. Aufkochen und unter Rühren 2 Minuten köcheln lassen. Das Schweinefleisch wieder in die Pfanne geben und vor dem Servieren erhitzen.

Für 4

50 g Walnüsse

225 g mageres Schweinefleisch, in Streifen geschnitten

30 ml/2 EL reines (Allzweck-)Mehl

30 ml/2 EL brauner Zucker

30 ml/2 EL Sojasauce

Öl zum Frittieren

15 ml/1 EL Erdnussöl (Erdnussöl)

Die Walnüsse in kochendem Wasser 2 Minuten blanchieren und dann abtropfen lassen. Das Schweinefleisch mit Mehl, Zucker und 15 ml/ 1 EL Sojasauce gut vermischen. Öl erhitzen und das Schweinefleisch knusprig und goldbraun frittieren. Auf Küchenpapier abtropfen lassen. Erdnussöl (Erdnussöl) erhitzen und die Walnüsse goldbraun braten. Das Schweinefleisch in die Pfanne geben, mit der restlichen Sojasauce bestreuen und unter Rühren braten, bis es heiß ist.

Für 4

450 g Schweinehackfleisch (

1 Frühlingszwiebel (Schalzwiebel), gehackt

225 g gemischtes Gemüse, gehackt

30 ml/2 EL Sojasauce

5 ml/1 TL Salz

40 Wan-Tan-Skins

Öl zum Frittieren

Eine Pfanne erhitzen und das Schweinefleisch und die Frühlingszwiebeln anbraten, bis sie leicht gebräunt sind. Vom Herd nehmen und Gemüse, Sojasauce und Salz einrühren.

Um die Wan-Tan zu falten, halten Sie die Haut in der linken Handfläche und löffeln Sie etwas Füllung in die Mitte. Befeuchten Sie die Ränder mit Ei und falten Sie die Haut zu einem Dreieck, wobei Sie die Ränder versiegeln. Befeuchten Sie die Ecken mit Ei und drehen Sie sie zusammen.

Öl erhitzen und die Wontons nach und nach goldbraun braten. Vor dem Servieren gut abtropfen lassen.

Schweinefleisch mit Wasserkastanien

Für 4

45 ml/3 EL Erdnussöl (Erdnussöl)

1 Knoblauchzehe, zerdrückt

1 Frühlingszwiebel (Schalzwiebel), gehackt

1 Scheibe Ingwerwurzel, gehackt

225 g mageres Schweinefleisch, in Streifen geschnitten

100 g Wasserkastanien, in dünne Scheiben geschnitten

45 ml/3 EL Sojasauce

15 ml/1 EL Reiswein oder trockener Sherry

5 ml/1 TL Speisestärke (Maisstärke)

Öl erhitzen und Knoblauch, Frühlingszwiebel und Ingwer anbraten, bis sie leicht gebräunt sind. Fügen Sie das Schweinefleisch hinzu und braten Sie es 10 Minuten lang, bis es goldbraun ist. Die Wasserkastanien zugeben und 3 Minuten mitbraten. Die restlichen Zutaten dazugeben und 3 Minuten unter Rühren braten.

Wontons mit Schweinefleisch und Garnelen

Für 4

225 g gehacktes (gemahlenes) Schweinefleisch

2 Frühlingszwiebeln (Frühlingszwiebeln), gehackt

100 g gemischtes Gemüse, gehackt

100 g Champignons, gehackt

225 g geschälte Garnelen, gehackt

15 ml/1 EL Sojasauce

2,5 ml/½ TL Salz

40 Wan-Tan-Skins

Öl zum Frittieren

Eine Pfanne erhitzen und das Schweinefleisch und die Frühlingszwiebeln anbraten, bis sie leicht gebräunt sind. Restliche Zutaten einrühren.

Um die Wan-Tan zu falten, halten Sie die Haut in der linken Handfläche und löffeln Sie etwas Füllung in die Mitte. Befeuchten Sie die Ränder mit Ei und falten Sie die Haut zu einem Dreieck, wobei Sie die Ränder versiegeln. Befeuchten Sie die Ecken mit Ei und drehen Sie sie zusammen.

Öl erhitzen und die Wontons nach und nach goldbraun braten. Vor dem Servieren gut abtropfen lassen.

Gedämpfte Hackfleischbällchen

Für 4

2 Zehen Knoblauch, zerdrückt

2,5 ml/½ TL Salz

450 g Schweinehackfleisch (

1 Zwiebel, gehackt

1 rote Paprika, gehackt

1 grüne Paprika, gehackt

2 Stück Ingwerstiel, gehackt

5 ml/1 TL Currypulver

5 ml/1 TL Paprika

1 Ei, geschlagen

45 ml/3 EL Speisestärke (Maisstärke)

50 g Kurzkornreis

Salz und frisch gemahlener Pfeffer

60 ml/4 EL gehackter Schnittlauch

Knoblauch, Salz, Schweinefleisch, Zwiebel, Paprika, Ingwer, Currypulver und Paprika mischen. Das Ei mit der Maisstärke und dem Reis in die Mischung einarbeiten. Mit Salz und Pfeffer würzen, dann den Schnittlauch untermischen. Mit nassen Händen die Masse zu kleinen Kugeln formen. Diese in einen Dampfkorb geben, abdecken und über leicht kochendem Wasser 20 Minuten

garen, bis sie gar sind.

Spare Ribs mit schwarzer Bohnensauce

Für 4

900 g Schweinerippchen

2 Zehen Knoblauch, zerdrückt

2 Frühlingszwiebeln (Frühlingszwiebeln), gehackt

30 ml/2 EL schwarze Bohnensauce

30 ml/2 EL Reiswein oder trockener Sherry

15 ml/1 EL Wasser

30 ml/2 EL Sojasauce

15 ml/1 EL Speisestärke (Maisstärke)

5 ml/1 TL Zucker

120 ml/4 fl oz½ Tasse Wasser

30 ml/2 EL Öl

2,5 ml/½ TL Salz

120 ml/4 fl oz/½ Tasse Hühnerbrühe

Die Spareribs in 2,5 cm/1 Stücke schneiden. Knoblauch, Frühlingszwiebeln, schwarze Bohnensauce, Wein oder Sherry, Wasser und 15 ml/1 EL Sojasauce mischen. Restliche Sojasauce mit Speisestärke, Zucker und Wasser vermischen. Öl und Salz erhitzen und die Spareribs goldbraun braten. Lassen Sie das Öl ab. Fügen Sie die Knoblauchmischung hinzu und braten Sie sie 2 Minuten lang. Brühe zugeben, aufkochen, zudecken und 4

Minuten köcheln lassen. Die Maisstärke-Mischung einrühren und unter Rühren köcheln lassen, bis die Sauce klar wird und eindickt.

Für 4

3 Zehen Knoblauch, zerdrückt

75 ml/5 EL Sojasauce

60 ml/4 EL Hoisinsauce

60 ml/4 EL Reiswein oder trockener Sherry

45 ml/3 EL brauner Zucker

30 ml/2 EL Tomatenmark (Paste)

900 g Schweinerippchen

15 ml/1 EL Honig

Knoblauch, Sojasauce, Hoisinsauce, Wein oder Sherry, braunen Zucker und Tomatenmark mischen, über die Rippchen gießen, zugedeckt über Nacht marinieren lassen.

Die Rippchen abtropfen lassen und auf einem Rost in einem Bräter mit etwas Wasser darunter anrichten. Im vorgeheizten Backofen bei 180°C/350°F/Gas Stufe 4 45 Minuten rösten, dabei gelegentlich mit der Marinade beträufeln, dabei 30 ml/2 EL Marinade auffangen. Die reservierte Marinade mit dem Honig mischen und über die Rippen streichen. 10 Minuten unter einem heißen Grill grillen oder grillen.

Für 4

900 g Schweinerippchen

60 ml/4 EL Ahornsirup

5 ml/1 TL Salz

5 ml/1 TL Zucker

45 ml/3 EL Sojasauce

15 ml/1 EL Reiswein oder trockener Sherry

1 Knoblauchzehe, zerdrückt

Die Spareribs in 5 cm/2 Stücke schneiden und in eine Schüssel geben. Alle Zutaten miteinander vermischen, die Spareribs dazugeben und gut verrühren. Abdecken und über Nacht marinieren lassen. 30 Minuten bei mittlerer Hitze grillen (broilen) oder grillen.

Für 4

900 g Schweinerippchen

120 ml/4 fl oz/½ Tasse Tomatenketchup (Katsup)

120 ml/4 fl oz/½ Tasse Weinessig

60 ml/4 EL Mango-Chutney

45 ml/3 EL Reiswein oder trockener Sherry

2 Knoblauchzehen, gehackt

5 ml/1 TL Salz

45 ml/3 EL Sojasauce

30 ml/2 EL Honig

15 ml/1 EL mildes Currypulver

15 ml/1 EL Paprika

Öl zum Frittieren

60 ml/4 EL gehackter Schnittlauch

Die Spareribs in eine Schüssel geben. Alle Zutaten außer Öl und Schnittlauch mischen, über die Rippchen gießen, zudecken und mindestens 1 Stunde marinieren lassen. Öl erhitzen und die Rippchen knusprig frittieren. Mit Schnittlauch bestreut servieren.

Für 4

450 g Schweinerippchen

Öl zum Frittieren

250 ml/8 fl oz/1 Tasse Brühe

30 ml/2 EL Tomatenketchup (Katsup)

2,5 ml/½ TL Salz

2,5 ml/½ TL Zucker

2 Lauch, in Stücke geschnitten

6 Frühlingszwiebeln (Frühlingszwiebeln), in Stücke geschnitten

50 g Brokkoliröschen

5 ml/1 TL Sesamöl

Die Spareribs in 5 cm große Stücke schneiden. Öl erhitzen und die Spareribs frittieren, bis sie gerade anfangen zu bräunen. Nehmen Sie sie aus der Pfanne und gießen Sie alles bis auf 30 ml/2 EL Öl ab. Brühe, Tomatenketchup, Salz und Zucker dazugeben, aufkochen und 1 Minute köcheln lassen. Die Spareribs zurück in die Pfanne geben und etwa 20 Minuten köcheln lassen, bis sie weich sind.

In der Zwischenzeit weitere 30 ml/ 2 EL Öl erhitzen und Lauch, Frühlingszwiebeln und Brokkoli ca. 5 Minuten anbraten. Mit

Sesamöl beträufeln und auf einer vorgewärmten Servierplatte anrichten. Die Spareribs und die Sauce in die Mitte geben und servieren.

Für 4–6

6 getrocknete chinesische Pilze

900 g Schweinerippchen

2 Nelken Sternanis

45 ml/3 EL Sojasauce

5 ml/1 TL Salz

15 ml/1 EL Speisestärke (Maisstärke)

Die Champignons 30 Minuten in warmem Wasser einweichen und dann abtropfen lassen. Entsorgen Sie und Stiele und schneiden Sie die Kappen. Die Spareribs in 5 cm/2 Stücke schneiden. Wasser in einem Topf zum Kochen bringen, Spareribs dazugeben und 15 Minuten köcheln lassen. Gut abtropfen lassen. Die Rippchen zurück in die Pfanne geben und mit kaltem Wasser bedecken. Champignons, Sternanis, Sojasauce und Salz hinzufügen. Aufkochen, abdecken und etwa 45 Minuten köcheln lassen, bis das Fleisch zart ist. Die Maisstärke mit etwas kaltem Wasser mischen, in die Pfanne einrühren und unter Rühren köcheln lassen, bis die Sauce klar wird und eindickt.

Spare Ribs mit Orange

Für 4

900 g Schweinerippchen

5 ml/1 TL geriebener Käse

5 ml/1 TL Speisestärke (Maisstärke)

45 ml/3 EL Reiswein oder trockener Sherry

Salz-

Öl zum Frittieren

15 ml/1 EL Wasser

2,5 ml/½ TL Zucker

15 ml/1 EL Tomatenmark (Paste)

2,5 ml/½ TL Chilisauce

abgeriebene Schale von 1 Orange

1 Orange, in Scheiben geschnitten

Spareribs in Stücke schneiden und mit Käse, Speisestärke, 5 ml/ 1 TL Wein oder Sherry und einer Prise Salz mischen. 30 Minuten marinieren lassen. Öl erhitzen und die Rippchen ca. 3 Minuten goldbraun frittieren. 15 ml/1 EL Öl in einem Wok erhitzen, Wasser, Zucker, Tomatenpüree, Chilisauce, Orangenschale und restlichen Wein oder Sherry dazugeben und 2 Minuten bei schwacher Hitze rühren. Fügen Sie das Schweinefleisch hinzu und rühren Sie zusammen, bis es gut bedeckt ist. Auf eine vorgewärmte Servierplatte geben und mit Orangenscheiben garniert servieren.

Ananas Spareribs

Für 4

900 g Schweinerippchen

600 ml/1 pt/2½ Tassen Wasser

30 ml/2 EL Erdnussöl (Erdnussöl)

2 Knoblauchzehen, fein gehackt

200 g Ananasstücke aus der Dose in Fruchtsaft

120 ml/4 fl oz/½ Tasse Hühnerbrühe

60 ml/4 EL Weinessig

50 g / ¼ Tasse brauner Zucker

15 ml/1 EL Sojasauce

15 ml/1 EL Speisestärke (Maisstärke)

3 Frühlingszwiebeln (Frühlingszwiebeln), gehackt

Schweinefleisch und Wasser in eine Pfanne geben, aufkochen, zudecken und 20 Minuten köcheln lassen. Gut abtropfen lassen.

Das Öl erhitzen und den Knoblauch anbraten, bis er leicht gebräunt ist. Fügen Sie die Rippchen hinzu und braten Sie sie, bis sie gut mit dem Öl bedeckt sind. Die Ananasstücke abtropfen lassen und 120 ml Saft mit Brühe, Weinessig, Zucker und Sojasauce in die Pfanne geben. Aufkochen, abdecken und 10 Minuten köcheln lassen. Die abgetropfte Ananas dazugeben.

207

Maizena mit etwas Wasser mischen, in die Soße einrühren und unter Rühren köcheln lassen, bis die Soße klar wird und eindickt. Mit Frühlingszwiebeln bestreut servieren.

Für 4

900 g Schweinerippchen

450 g geschälte Garnelen

5 ml/1 TL Zucker

Salz und frisch gemahlener Pfeffer

30 ml/2 EL reines (Allzweck-)Mehl

1 Ei, leicht geschlagen

100 g Semmelbrösel

Öl zum Frittieren

Die Spareribs in 5 cm große Stücke schneiden. Vom Fleisch etwas abschneiden und mit Garnelen, Zucker, Salz und Pfeffer zerkleinern. Mehl und so viel Ei einrühren, dass die Masse klebrig wird. Die Spareribstücke rund drücken und mit Semmelbröseln bestreuen. Öl erhitzen und die Spareribs frittieren, bis sie an die Oberfläche kommen. Gut abtropfen lassen und heiß servieren.

Für 4

900 g Schweinerippchen

450 ml/¾ pt/2 Tassen Wasser

60 ml/4 EL Sojasauce

5 ml/1 TL Salz

30 ml/2 EL Reiswein

5 ml/1 TL Zucker

Die Rippen in 2,5 cm/1 Stücke schneiden. Mit Wasser, Sojasauce und Salz in einen Topf geben, aufkochen, zudecken und 1 Stunde köcheln lassen. Gut abtropfen lassen. Eine Pfanne erhitzen und die Spareribs, Reiswein und Zucker dazugeben. Bei starker Hitze rühren, bis die Flüssigkeit verdampft ist.

Für 4

900 g Schweinerippchen

1 Ei

30 ml/2 EL reines (Allzweck-)Mehl

5 ml/1 TL Kartoffelmehl

45 ml/3 EL Wasser

Öl zum Frittieren

30 ml/2 EL Erdnussöl (Erdnussöl)

30 ml/2 EL Tomatenketchup (Katsup)

30 ml/2 EL brauner Zucker

10 ml/2 TL Weinessig

45 ml/3 EL Sesam

4 Salatblätter

Die Spareribs in 10 cm/4 Stücke schneiden und in eine Schüssel geben. Ei mit Mehl, Kartoffelmehl und Wasser verrühren, unter die Spareribs rühren und 4 Stunden ruhen lassen.

Öl erhitzen und die Spareribs goldbraun frittieren, dann herausnehmen und abtropfen lassen. Öl erhitzen und Tomatenketchup, braunen Zucker, Weinessig einige Minuten braten. Die Spareribs dazugeben und unter Rühren braten, bis sie vollständig bedeckt sind. Mit Sesam bestreuen und 1 Minute braten. Die Salatblätter auf einer vorgewärmten Servierplatte anrichten, mit den Spareribs belegen und servieren.

Für 4

900 g Schweinerippchen

600 ml/1 pt/2½ Tassen Wasser

30 ml/2 EL Erdnussöl (Erdnussöl)

2 Zehen Knoblauch, zerdrückt

5 ml/1 TL Salz

100 g brauner Zucker

75 ml/5 EL Hühnerbrühe

60 ml/4 EL Weinessig

100 g Ananasstücke aus der Dose in Sirup

15 ml/1 EL Tomatenmark (Paste)

15 ml/1 EL Sojasauce

15 ml/1 EL Speisestärke (Maisstärke)

30 ml/2 EL Kokosraspeln

Schweinefleisch und Wasser in eine Pfanne geben, aufkochen, zudecken und 20 Minuten köcheln lassen. Gut abtropfen lassen.

Öl erhitzen und die Rippchen mit Knoblauch und Salz anbraten, bis sie gebräunt sind. Zucker, Brühe und Weinessig zugeben und aufkochen. Ananas abgießen und 30 ml/2 EL Sirup mit Tomatenmark, Sojasauce und Speisestärke in die Pfanne geben.

Gut umrühren und unter Rühren köcheln lassen, bis die Sauce klar wird und eindickt. Ananas dazugeben, 3 Minuten köcheln lassen und mit Kokos bestreut servieren.

Für 4

900 g Schweinerippchen

1 Ei, geschlagen

5 ml/1 TL Sojasauce

5 ml/1 TL Salz

10 ml/2 TL Speisestärke (Maisstärke)

10 ml/2 TL Zucker

60 ml/4 EL Erdnussöl (Erdnussöl)

250 ml / 1 Tasse Weinessig

250 ml/8 fl oz/1 Tasse Wasser

250 ml/8 fl oz/1 Tasse Reiswein oder trockener Sherry

Die Spareribs in eine Schüssel geben. Das Ei mit der Sojasauce, Salz, der Hälfte der Speisestärke und der Hälfte des Zuckers vermischen, zu den Spareribs geben und gut verrühren. Öl erhitzen und die Spareribs braten, bis sie gebräunt sind. Die restlichen Zutaten dazugeben, aufkochen und köcheln lassen, bis die Flüssigkeit fast verdampft ist.

Für 4

900 g Schweinerippchen

75 ml/5 EL Sojasauce

30 ml/2 EL Reiswein oder trockener Sherry

2 Eier, geschlagen

45 ml/3 EL Speisestärke (Maisstärke)

Öl zum Frittieren

45 ml/3 EL Erdnussöl (Erdnussöl)

1 Zwiebel, in dünne Scheiben geschnitten

250 ml / 1 Tasse Hühnerbrühe

60 ml/4 EL Tomatenketchup (Katsup)

10 ml/2 TL brauner Zucker

Die Spareribs in 2,5 cm/1 Stücke schneiden. Mit 60 ml/4 EL Sojasauce und dem Wein oder Sherry mischen und 1 Stunde unter gelegentlichem Rühren marinieren lassen. Abgießen, Marinade wegwerfen. Die Spareribs in Ei und dann in Maisstärke bestreichen. Öl erhitzen und die Rippchen nach und nach goldbraun frittieren. Gut abtropfen lassen. Erdnussöl (Erdnussöl) erhitzen und die Zwiebel glasig braten. Brühe, restliche Sojasauce, Ketchup und braunen Zucker dazugeben und unter

Rühren 1 Minute köcheln lassen. Die Rippchen dazugeben und 10 Minuten köcheln lassen.

Barbecue-Schweinebraten

Für 4–6

1,25 kg Schweineschulter ohne Knochen

2 Zehen Knoblauch, zerdrückt

2 Frühlingszwiebeln (Frühlingszwiebeln), gehackt

250 ml/8 fl oz/1 Tasse Sojasauce

120 ml/4 fl oz/½ Tasse Reiswein oder trockener Sherry

100 g brauner Zucker

5 ml/1 TL Salz

Legen Sie das Schweinefleisch in eine Schüssel. Restliche Zutaten mischen, über das Schweinefleisch gießen, abdecken und 3 Stunden marinieren lassen. Das Schweinefleisch und die Marinade in einen Bräter geben und im vorgeheizten Backofen bei 200°C/400°F/Gas Stufe 6 10 Minuten braten. Reduzieren Sie die Temperatur 1¾ Stunden lang auf 160°C/325°F/Gasstufe 3, bis das Schweinefleisch gar ist.

Für 4

1 kg Schweinebraten ohne Knochen

250 ml/8 fl oz/1 Tasse Sojasauce

120 ml/4 fl oz/½ Tasse Reiswein oder trockener Sherry

100 g brauner Zucker

3 Frühlingszwiebeln (Frühlingszwiebeln), gehackt

5 ml/1 TL Salz

30 ml/2 EL Senfpulver

Legen Sie das Schweinefleisch in eine Schüssel. Alle restlichen Zutaten bis auf den Senf mischen und über das Schweinefleisch gießen. Mindestens 2 Stunden marinieren lassen, dabei häufig begießen. Einen Bräter mit Alufolie auslegen und das Schweinefleisch auf einem Rost in die Form stellen. Im vorgeheizten Backofen bei 200°C/400°F/Gas Stufe 6 10 Minuten braten, dann die Temperatur weitere 1¾ Stunden auf 160°C/325°F/Gas Stufe 3 reduzieren, bis das Schweinefleisch zart ist. Abkühlen lassen und dann im Kühlschrank kalt stellen. Sehr dünn aufschneiden. Mischen Sie das Senfpulver mit gerade so viel Wasser, dass eine cremige Paste entsteht, die mit dem Schweinefleisch serviert wird.

Für 6

1,25 kg Schweinebraten, in dicke Scheiben geschnitten

2 Knoblauchzehen, fein gehackt

30 ml/2 EL Reiswein oder trockener Sherry

15 ml/1 EL brauner Zucker

15 ml/1 EL Honig

90 ml/6 EL Sojasauce

2,5 ml/½ TL Fünf-Gewürze-Pulver

Das Schweinefleisch in einer flachen Schüssel anrichten. Restliche Zutaten mischen, über das Schweinefleisch gießen, zugedeckt über Nacht im Kühlschrank marinieren, dabei gelegentlich wenden und begießen.

Die Schweineschnitzel auf einem Rost in einem mit wenig Wasser gefüllten Bräter anrichten und mit der Marinade gut bestreichen. Im vorgeheizten Backofen bei 180°C/350°F/Gas Stufe 5 ca. 1 Stunde braten, dabei gelegentlich begießen, bis das Schweinefleisch gar ist.

Serviert 6–8

30 ml/2 EL Erdnussöl (Erdnussöl)

1,25 kg Schweinelende

250 ml / 1 Tasse Hühnerbrühe

15 ml/1 EL brauner Zucker

60 ml/4 EL Sojasauce

900 g Spinat

Öl erhitzen und das Schweinefleisch von allen Seiten anbraten. Gießen Sie das meiste Fett ab. Brühe, Zucker und Sojasauce dazugeben, aufkochen, zugedeckt ca. 2 Stunden köcheln lassen, bis das Schweinefleisch gar ist. Das Fleisch aus der Pfanne nehmen und etwas abkühlen lassen, dann in Scheiben schneiden. Den Spinat in die Pfanne geben und unter leichtem Rühren köcheln lassen, bis er weich ist. Spinat abtropfen lassen und auf einer vorgewärmten Servierplatte anrichten. Mit den Schweinefleischscheiben belegen und servieren.

Für 4

450 g Schweinehackfleisch (

1 Scheibe Ingwerwurzel, gehackt

15 ml/1 EL Speisestärke (Maisstärke)

15 ml/1 EL Wasser

2,5 ml/½ TL Salz

10 ml/2 TL Sojasauce

Öl zum Frittieren

Schweinefleisch und Ingwer mischen. Maizena, Wasser, Salz und Sojasauce mischen, dann die Mischung unter das Schweinefleisch rühren und gut mischen. Zu walnussgroßen Kugeln formen. Erhitzen Sie das Öl und braten Sie die Schweinebällchen, bis sie oben im Öl aufsteigen. Aus dem Öl nehmen und erneut erhitzen. Das Schweinefleisch wieder in die Pfanne geben und 1 Minute braten. Gut abtropfen lassen.

www.ingramcontent.com/pod-product-compliance
Lightning Source LLC
Chambersburg PA
CBHW051510030726
47592CB00006B/2191